全国职业教育“十二五”规划教材
全国高等职业教育财会类规划教材——工学结合项目化系列

基础会计实训项目化教程
（第2版）

朱余娥　袁其谦　主　编
朱阳生　谢丽安　王威然　副主编

電子工業出版社
Publishing House of Electronics Industry
北京 · BEIJING

内容简介

本教材是基于工学结合一体化课程的开发理念、采用以典型工作任务为载体的方式而开发的，是根据财政部颁布的企业会计准则、制度、规范并结合企业会计实际工作而编写的，是《基础会计项目化教程》（第2版）的配套教材。本教材以模拟企业典型业务为背景，采用“职业角色体验”模式，进行会计核算工作的从单项能力到综合能力的训练，体现了会计职业的基础能力、专业能力、职业能力逐渐形成的过程。本教材内容由基础会计实训指导、基础会计单项实训、基础会计综合实训和技能综合测试题组成。

本教材可供各高等职业院校会计、财务管理、金融、市场营销、电子商务等经济类专业作为实践教学用书，也可供从事课程专业实训指导工作的人员作为参考用书。

图书在版编目（CIP）数据

基础会计实训项目化教程 / 朱余娥，袁其谦主编. —2版. —北京：电子工业出版社，2015.5
全国高等职业教育财会类规划教材·工学结合项目化系列
ISBN 978-7-121-25968-5

Ⅰ. ①基… Ⅱ. ①朱… ②袁… Ⅲ. ①会计学—高等职业教育—教材 Ⅳ. ①F230

中国版本图书馆CIP数据核字（2015）第089300号

策划编辑：贾瑞敏
责任编辑：贾瑞敏
印　　刷：北京京华虎彩印刷有限公司
装　　订：北京京华虎彩印刷有限公司
出版发行：电子工业出版社
　　　　　北京市海淀区万寿路173信箱　邮编 100036
开　　本：787×1 092　1/16　印张：15　字数：384千字
版　　次：2011年9月第1版
　　　　　2015年5月第2版
印　　次：2017年9月第4次印刷
定　　价：35.00元

凡所购买电子工业出版社图书有缺损问题，请向购买书店调换。若书店售缺，请与本社发行部联系，联系及邮购电话：（010）88254888，88258888。

质量投诉请发邮件至 zlts@phei.com.cn，盗版侵权举报请发邮件至 dbqq@phei.com.cn。

本书咨询联系方式：（010）88254019，jrm@phei.com.cn。

前言

高等职业教育的人才培养目标是培养符合社会发展需要的高素质、技能型、实践型、职业型的专门人才，对会计专业来说同样如此。因此，在会计教学中，将理论知识学习与专业技能培养、职业素养培养有机地结合起来，将“教、学、做”融为一体，突出学生实践能力的培养，在会计教学中就显得越来越重要。为此，我们组织多年从事会计实践和教学实践的教师精心编写了这本《基础会计实训项目化教程》（第2版）教材。

本教材是《基础会计项目化教程》（第2版）的配套教材，由基础会计实训指导、基础会计单项实训、基础会计综合实训和技能综合测试题组成。单项实训主要是为平时理论教学中需要的课内实践操作而编写的，目的是加深学生对理论教学的感性认识，起到同步学习、及时巩固所学知识并形成单项能力的作用。综合实训是为学生在学完《基础会计项目化教程（第2版）》全部理论课程后进行全面综合模拟训练而编写的，是对学生学习基础会计后实践操作能力的一次全面检验和巩固，为培养和提高学生会计职业的综合能力打基础。

本教材突出体现了高等职业教育特色，弥补了传统基础会计实训教材忽视操作规范、岗位职责、职业意识、职业素养、考核评价、职业能力形成等方面的缺陷，并在以下几方面有所创新。

第一，“职业角度检验”模式。本书以典型工作任务为载体，采用 “职业角色体验”模式，让学生根据不同的工作任务，分别扮演不同的岗位角色，如制单会计、出纳、记账会计、会计主管等，达到按照会计职业岗位设置的要求进行实训的目的，以逐步培养学生的会计职业意识。

第二，突出“规范”意识。本教材自始至终要求学生按照《会计基础工作规范》进行操作，以逐步形成学生的会计职业素养。

第三，职业能力培养“渐进式”。本教材任务中涉及的主要原始凭证是将从企业实际业务中提取的真实原始凭证整合而来的，任务内容体现了从单一到综合、从简单到复杂的渐进过程，利于逐步培养学生的会计职业能力。

第四，突出技能综合测试。本书附录中的技能综合测试题方便教师检验学生对会计操作技能的掌握程度，在一定程度上弥补了以往该课程技能测试不足和不便的缺陷，并为后续技能抽查做好准备。

本书自2011年9月出版以来，作为会计专业的核心课程教材，先后多次被多所院校选用并获得好评。为适应高职教育的发展形势和专业教学的需要，本教材在本次修订时对每个项目的凭证素材及训练内容进行了与时俱进的调整。为方便教学，本书还配有参考答案，读者可登录电子工业出版社华信教育资源网（www.hxedu.com.cn）免费下载。

本教材由娄底职业技术学院朱余娥、中共娄底市委党校袁其谦担任主编，由朱阳生、谢丽安、王威然担任副主编，陈云梅、梁斌、贺江莲参与了本教材的编写。全书由朱余娥进行统稿、审稿。

本教材在编写过程中，得到了娄底职业技术学院会计教研室的大力支持，在此表示感谢！

由于时间仓促，编者水平有限，不足之处在所难免，恳请广大读者批评指正。

编　者

目录

第一篇

基础会计实训指导

一、基础会计实训的目的及要求

（一）实训目的

（1）整合课堂上所学的《基础会计》的基本理论、基本方法和基本操作技术，强化从单项技能到综合技能的形成。通过学习、实践、思考、总结的过程，提高学生对会计实际工作的感性认识和实际操作能力，进一步提高对会计基本理论和方法的掌握能力，加深对所学专业的认识，为日后会计专业的进一步学习及将来能更好地适应实际工作，奠定坚实的基础。

（2）通过基于工作过程的典型工作任务的实训教学，使学生全面、系统地掌握会计操作的完整的业务循环，即从期初建账、原始凭证的填制、审核，各种典型经济业务的确认和计量，记账凭证的填制、审核，账簿的登记、核对、错账更正，会计处理程序的运用到会计报表的编制、会计资料的归档整理，从而对企业会计核算形成一个完整的概念。

（3）通过实训，使学生初步具备一名合格会计人员应具备的工作作风和业务素质。具体包括良好的思想品德和会计职业道德、实事求是的科学态度和一丝不苟的工作作风。

（二）实训要求

为提高实训教学的效果，达到实训教学的目的，在组织实训教学过程中，必须遵循以下要求。

（1）正确处理理论教学与实训教学的关系。理论教学满足培养目标知识结构的需求，实训教学满足专业技能培养的实际需求，使之相互渗透、相互促进。

（2）正确处理单项实训和综合实训的关系。单项实训应以使学生掌握各单项核算技能与规范为目标，综合实训应以培养学生独立处理全盘业务的能力为目标。单项实训是综合实训的基础，综合实训是在单项实训基础上的提升。

（3）科学组织、合理规划各阶段的目标和任务。无论是单项实训还是综合实训，在具体的教学设计中，教师都应合理规划每个实训具体实施的要求、目标和要点。在单项实训阶段，重点要让学生掌握单项技能和操作规范，在综合实训阶段，重点要让学生掌握对企业全盘业务的综合处理能力。

（4）在操作规范上，应以《会计基础工作规范》为标准。无论是单项实训还是综合实训都应以《会计基础工作规范》为标准，以培养学生良好的职业素养为目标。

（5）以企业的实际工作要求和《会计基础工作规范》为标准构建科学的评价体系。着重考核学生实训工作的全过程和实训项目实施的效果。

二、基础会计实训的内容

为使学生独立完成基础会计的实训工作，应采用阶段实训与综合实训相结合的原则。即在理论教学过程中，通过对知识点和能力点的分析，根据学生在学习中应掌握的能力要求，按照任务驱动教学法，将各能力点整合成单项实训指导，并通过具体的工作任务加以强化。在综合实训中，通过模拟一个小型加工企业一个会计期间的实际会计工作任务，采用真实的账证资料，指导学生完成从建账到日常处理、期末处理、编制会计报表、整理会计资料等全过程。让学生全面掌握基础会计的内容。同时培养其细致、准确、有条不紊的专业素养和心理素质，从而搭建起会计工作的整体框架。基础会计实训的内容如表1-1所示。

表1-1　基础会计实训的内容

实训任务			实训内容
项目一	会计核算书写实训		阿拉伯数字书写
			汉字大写数字书写
			小写数字书写
			大写金额书写
			票据书写
项目二	原始凭证的填制与审核实训	任务一	填制原始凭证
		任务二	审核原始凭证
项目三	记账凭证的填制与审核实训	任务一	填制与审核专用记账凭证
		任务二	填制与审核通用记账凭证
项目四	账簿登记实训	任务一	建账
		任务二	登记日记账
		任务三	登记明细分类账
		任务四	登记总分类账
		任务五	对账与结账
		任务六	更正错账
项目五	财产清查实训	任务一	清查实物
		任务二	清查现金
		任务三	清查银行存款
项目六	财务会计报表编制实训	任务一	编制资产负债表
		任务二	编制利润表
项目七	会计凭证与账表的装订、保管实训	任务一	整理、粘贴原始凭证
		任务二	装订会计凭证和账表
项目八	综合实训	综合实训	处理综合会计业务

三、基础会计实训的设计

根据财政部颁布的《会计基础工作规范》规定，会计工作岗位一般可分为：会计机构负责人或会计主管人员、出纳、财产物资核算、工资核算、成本费用核算、财务成果核算、资金核算、往来结算、总账报表、稽核、档案管理等。

各单位应当根据自身规模大小、会计业务量多少及岗位设置具体要求，对上述工作岗位进行适当的合并或细分，可以一人一岗、一人多岗或者一岗多人，但应当符合内部牵制制度的要求，出纳人员不得兼管稽核、会计档案保管和收入、费用、债权债务账目的登记工作。

考虑到多年来会计职业的发展变化，结合中小型企业会计岗位设置的具体情况、高职学生的特点和《基础会计》理论教材的教学内容，本教材设置出纳、制单会计、会计主管、记账会计四个主要的会计岗位。

基于设置的四个岗位，本教材采用“职业角色体验”模式，借助手工操作手段来完成实训任务。“职业角色体验”是指在单项实训中，依据工作任务的不同，让学生分别扮演不同的岗位角色，掌握各岗位的主要技能要求和岗位职责，为综合实训奠定基础；在综合实训中，学生独立完成模拟企业一个月的典型业务，加深对会计核算过程的全面了解，并基本形成会计职业的综合能力。

在具体组织实训时，对于单项实训，建议与本课程的理论教学进度同步交叉进行；对于综合实训，可根据教学安排，采用“集中实训”方式组织实施，即安排在《基础会计项目化教程（第 2 版）》全部章节教学结束后，按记账凭证或科目汇总表核算形式，集中地完成本实训资料的全部内容。技能综合测试题突出学生会计职业基础能力的考核，该考核可以分阶段按教学计划进行。

四、基础会计实训的评价

对于单项实训的评价，由于是以培养学生掌握单项技能为目的，建议将其评价纳入平时作业的范畴进行考核，其评价标准应按照《会计基础工作规范》和《企业会计准则》的要求进行。

对于综合实训的评价，其评价的重点应是实训结果，其评价内容包括正确性、规范性两方面。对于正确性和规范性应以《企业会计准则》和《会计基础工作规范》为标准；同时对实训过程和职业能力的考核也不应忽视，实训过程着重对实训态度的考核，职业能力应侧重了解学生对实训工作的认识、理解和对会计职业的规划及职业习惯的养成等方面。具体的考核标准如表 1-2 所示。

表 1-2　基础会计实训考核标准

<table>
<tr><th>考核项目</th><th>考核内容</th><th>考 核 点</th><th>分值（分）</th><th>考核方式</th><th>等级评定</th></tr>
<tr><td rowspan="5">实训过程</td><td>工作任务</td><td>工作任务完成情况</td><td>2</td><td rowspan="5">学生自评
组内互评
指导老师或现场专家综合测评</td><td rowspan="5">85 分以上优秀
75～84 分良好</td></tr>
<tr><td>劳动纪律</td><td>工作态度与纪律性</td><td>2</td></tr>
<tr><td rowspan="2">业务能力</td><td>独立完成能力</td><td>4</td></tr>
<tr><td>组织协调能力</td><td>2</td></tr>
<tr><td></td><td>小计</td><td>10</td></tr>
</table>

续表

考核项目	考核内容	考 核 点	分值（分）	考核方式	等级评定
实训结果	正确性	原始凭证的填制与审核	5	指导老师或现场专家综合测评	60～74 分及格 60 分以下不及格
		记账凭证的填制与审核	20		
		建账	2		
		日记账的登记	2		
		明细账的登记	4		
		科目汇总表的编制	4		
		总账的登记	7		
		对账、结账	2		
		错账更正	4		
		会计报表的编制	5		
	规范性	文字、数字、票据书写规范	10		
		装订整齐、美观	5		
		小计	70		
职业能力	实训报告	文字流畅、层次分明	5		
		内容完整、准确，体会深刻	10		
	职业素养	保密、责任、卫生意识等	5		
		小计	20		
总　计			100		

第二篇

基础会计单项实训

项目一　会计核算书写实训

实训综述

会计核算中的书写包括阿拉伯数字、汉字大写数字、小写数字、大写金额、有关票据的填写等内容。通过本项目实训，要求学生能按照《会计基础工作规范》进行会计核算的书写工作。

实训指导

（一）阿拉伯数字的标准写法

阿拉伯数字，简称小写数字（如 1、2、3、4、5……），是世界各国通用数字。在财会工作中，阿拉伯数字的书写方法与普通书写方法有所不同，已形成一定的规格，具体要求如下。

（1）字体各自成形，大小均匀，排列整齐，字迹工整、清晰。

（2）数字不能写满格，每个数字约占格子高度的 1/2，最多占 2/3，要留出空隙，既以备更正改错之用，又清晰美观。

（3）贴格子的底线书写，只有“7”、“9”两个数字可以超过底线一点，但所占位置不能超过底线下格的 1/4。

（4）字体要自右上方斜向左下方书写，斜度一致，约为 60°，并且同一相邻数字之间要空出半个小写数字的位置。

（5）由上而下按纵行累加的数字，要注意对准位数。

（6）有圆圈的数字，如“6”、“8”、“9”、“0”等，圆圈必须对好。

（7）对容易混淆的数字，如“0”和“6”，“1”和“7”、“9”，“3”和“5”、“8”等，尤其要严格区别，避免混同。

（8）“1”字不能写短，要符合斜度，以防改为“4”、“6”、“7”和“9”，“6”字起笔要伸到上半格的 1/4 处，下圆要明显，以防改“6”为“8”。

（二）汉字大写数字的标准写法

（1）中文大写金额数字一般要求用正楷或行书书写。如壹、贰、叁、肆、伍、陆、柒、捌、玖、拾，不能使用一、二、三、四、五、六、七、八、九、十、廿、卅、念、毛、另（或0）等字样，不得自造简化字。

（2）不能使用未经国务院公布的简体字，如账簿的“账”字不能写成“帐”字，也不能写谐音字。

（3）同一行的相邻数字之间要空出半个汉字大写数字的位置。

（4）字体各自成形，大小均匀，排列整齐，并工整、清晰。

（三）小写数字的书写规则

（1）在一个数字中，若中间有零时（不论几个零），只读出数字的“0”，而不读出数位的名称。如2038，应读成：贰仟零叁拾捌，30209，应读成：叁万零贰佰零玖，40017，应读成：肆万零壹拾柒。

（2）在一个数字中，若最后有零时（不论几个零），既不能读“0”，也不能读出位数的名称。如31000，应读成：叁万壹仟。

（3）元与角之间，要点一小数点“.”。有角无分的，有元无角、分的，应在角位、分位上写“0”和“00”，如“7.60”不能写成“7.6”或“7.6—”；“9.00”不能写成“9”，但可在小数点后画一短横线，如“38.00”可以写成“38.—”。

（4）对某些金额数字，如银行结算凭证、收据、发票等单据上的金额，应在小写合计金额前填写币种符号，如人民币应填写“￥”符号，美元应填写“$”符号。一来表示金额的币种，二来为了防止增添窜改数字。因此，币种符号后都要紧接着写数字，不能留有空隙。

（5）若在印有数位分隔线的凭证账表上书写，只有“角”、“分”位金额（不足1元）的，在元位上不写“0”字；只有“分”位金额（不足1角）的，在“元”和“角”位上不写“0”字；有“角”无“分”的，在“分”位上写“0”字；“角”、“分”位皆无金额的，在“角”和“分”位上均写一个“0”字。

（四）大写金额的书写规则

（1）大写金额的前面，必须加填“人民币”三个字，后面紧接着写金额，不能有空隙。

（2）大写金额中，“壹拾几”的“壹”字，一定要写，不得遗漏，因为“拾”字仅代表位数，并不是数字。

（3）小写金额中，“元”位是“0”（或金额中间连续有几个“0”，且“元”位也是“0”），但“角”、“分”位不是“0”，大写金额可只写一个“零”，也可不写“零”。如“120.34”，应写成“人民币壹佰贰拾元零叁角肆分”。

（4）小写金额中有“0”或连续有几个“0”，但“元”位不是“0”，大写金额均写一个“零”，如“￥100304.06”，应写成“人民币壹拾万叁佰零肆元零陆分”。

（5）大写金额到“元”或“角”为止的，在“元”或“角”字之后应写“整”字，以防增添窜改数字。大写金额有“分”的，“分”字后面不写“整”字。

（五）有关票据填写的基本规定

（1）票据的出票日期必须使用中文大写。防止变造票据的出票日期，在填写月、日时，月为壹至玖和壹拾的，日为壹至玖和壹拾、贰拾、叁拾的，应在其前加“零”字；日为拾壹至拾玖的，应在其前加“壹”字。如 2015 年 2 月 9 日，应写成：贰零壹伍年零贰月零玖日，10 月 16 日，应写成：零壹拾月壹拾陆日，11 月 30 日，应写成：壹拾壹月零叁拾日。

（2）票据出票日期使用小写填写的，银行不予受理。大写日期未按要求规范填写的，银行可予受理，但由此造成的损失，由出票人自行承担。

实训资料

1．￥895421.69；￥6007.50；￥28301.00；￥60000000.00

2．人民币叁拾捌万柒仟贰佰元整；人民币陆万零伍角肆分；人民币捌仟零玖元壹角整；人民币叁亿陆仟万零伍分

3．

中国工商银行
现金支票存根（湘）
$\frac{B}{0}\frac{G}{2}$00930329

科　　目＿＿＿＿＿＿

对方科目＿＿＿＿＿＿

出票日期 2015年2月14日

收款人：李红红
金　额：￥1007.50
用　途：备用

单位主管　　会计

本支票付款期限十天

中国工商银行现金支票（湘）　　$\frac{B}{0}\frac{G}{2}$00930329

出票日期（大写）：　　年　　月　　日　　付款行名称：工商银行娄底支行

收款人：　　出票人账号：19130101090245698960

人民币（大写）		亿	千	百	十	万	千	百	十	元	角	分

用途：＿＿＿＿＿＿　　科目（借）＿＿＿＿＿＿

上列款项请从　　对方科目（贷）＿＿＿＿＿＿

我账户内支付　　付讫日期　　年　　月　　日

出票人签章　　复核　　记账

刘晨印

湘[illegible]制造有限公司　431302789022218　财务专用章

贴对号单处　$\frac{B}{0}\frac{G}{2}$00930329

实训要求

1．将小写金额数字写成大写金额数字。

2．将大写金额数字写成小写金额数字。

3．将现金支票补充完整。

项目二　原始凭证的填制与审核实训

实训综述

通过本项目实训，使学生明确原始凭证应具备的基本要素，熟悉原始凭证的填制规范，掌握填制原始凭证的基本技能。能根据经济业务的性质、内容，正确地填制原始凭证，并完备有关手续，书写规范。同时明确审核原始凭证的必要性，掌握审核原始凭证的方法，能对接受的原始凭证按照《会计基础工作规范》中的要求进行审核，对原始凭证的错误进行更正。

任务一　填制原始凭证

任务描述

原始凭证的填制是会计核算的基础环节之一。正确规范地填制原始凭证是会计人员的一项基本技能。本任务要求学生掌握原始凭证的正确填制方法。

任务指导

原始凭证的填制规范主要包括以下方面。

（1）真实可靠。如实填列经济业务内容和数字，不得弄虚作假，不得涂改、挖补。

（2）内容完整。应该填写的项目要逐项填写（接受凭证方应注意逐项验明），不可缺漏，尤其需要注意的是，年、月、日要按照填制原始凭证的实际日期填写；名称要写全不能简化；品名或用途要填写明确，不能含混不清；有关经办业务人员的签章必须齐全。

（3）填制及时。每当一项经济业务发生或完成，都要立即填制原始凭证，做到不积压、不误时、不事后补制。

（4）书写清楚。原始凭证上的数字和文字，要认真填写，做到字迹清晰、整齐规范，易于辨认。不得使用未经国务院公布的简化汉字。一旦出现书写错误，不得随意涂改、刮擦、挖补，应按规定办法更改。有关货币资金收付的原始凭证，如果填写错误，不允许在凭证上进行更改，只能加盖“作废”戳记，重新填写，以免错收错付。

（5）顺序使用。收付款项或实物的凭证要按顺序或分类编号，在填制时按照编号的次序使用，跳号的凭证应加盖“作废”戳记，不得撕毁。

（6）各种收付款项的原始凭证应由出纳人员签名或盖章，并且分别加盖“现金收讫”、“现金付讫”、“银行收讫”、“银行付讫”印章。

任务资料

湘丰制造有限公司 2014 年 1 月发生以下经济业务（基本存款银行：中国工商银行娄底支

行，账号：1913010109024569896）。

1．1日，从银行提取现金1 000元备用，需填制现金支票一张。

【业务1】

中国工商银行
现金支票存根 （湘）
$\frac{BG}{02}$10255056
科　目＿＿＿＿
对方科目＿＿＿＿
出票日期　年　月　日

收款人：	
金　额：	
用　途：	

单位主管　会计

深圳光华印制公司2003年印制

本支票付款期限十天

中国工商银行 现金支票 （湘）　株洲 $\frac{BG}{02}$10255056

出票日期(大写)：　年　月　日　付款行名称：
收款人：　出票人账号：

人民币（大写）	亿	千	百	十	万	千	百	十	元	角	分

用途：＿＿＿＿　科目(借)＿＿＿＿
上列款项请从　对方科目(贷)＿＿＿＿
我账户内支付　付讫日期　年　月　日
出票人签章　出纳　复核　记账

刘晨印

湘丰制造有限公司 431302789022218 财务专用章

贴对号单处　$\frac{BG}{02}$10255056

2．5日，采购员李兵出差，借支差旅费800元，需填制借据一张。

【业务2】

借支单

年　月　日

姓　名		工 作 部 门		职 务	
借款原因			领导审批	同意　李平	
借支金额	人民币（大写）				
备　注					

现金付讫

会计：　出纳：　借支人：

3．6日，销售给西安海宏有限公司A产品500件，单价32元，B产品200件，单价48元，增值税税率17%，需填增值税专用发票一张。（西安海宏有限公司开户行：中国工商银行平安支行营业部，账号：554732403585435，地址、电话：平安路87号 0376-5238648，纳税人识别号：431585662478361）

【业务3】

湖南省增值税专用发票

记 账 联

43000452045　　此联不作报销、扣税凭证使用　　№ 00035601

开票日期：　　年　月　日

购货单位			密码区		
	名　　称： 纳税人识别号： 地 址、电 话： 开户行及账号：			2489—1<9—7—61596284 8<032/52>9/29533—4974 1626<8—3024>82906—2 —47—6<7>2*—/>*>6	加密版本 01 43000452045 00035601

货物或应税劳务名称	规格型号	单位	数量	单价	金额	税率	税额
合　计							
价税合计（大写）	（小写）						

销货单位			备注	
	名　　称： 纳税人识别号： 地 址、电 话： 开户行及账号：			湘丰制造有限公司 431302789022218 发票专用章

收款人：　　复核：　　开票人：　　销货单位（章）

第一联：记账联　销货方记账凭证

4．10日，上月采购的乙材料10吨，单价800元，已验收入库，需填收料单一张。（供货单位：娄底长恒股份有限公司，发票号码：00023121）

【业务4】

收 料 单

材料科目：　　编　　号：

材料类别：　　收料仓库：

供应单位：　　发票号码：

填制日期：　　年　月　日

材料编号	材料名称	规格	计量单位	数量		实际价格			
				应收	实收	单价	发票金额	运费	合计
备　注									

采购员：　　检验员：　　记账员：　　保管员：

5. 11日，归还株洲正大工厂的货款20 500元，需填制电汇凭证一张（株洲正大工厂开户行：株洲市农业银行南方路支行，账号：600100447865345）。

【业务5】

中国工商银行电汇凭证（回单）

委托日期：　　年　月　日　　　　　　　　第002457号

收款人	全　称		付款人	全　称												此联是银行交付款人的支款凭证
	账　号			账　号												
	开户银行			开户银行												
人民币（大写）					百	十	万	千	百	十	元	角	分			
票据种类			工商银行娄底支行 2015.11 转讫													
票据张数			收款人开户行盖章													
单位主管　　会计　　复核　　记账			年　月　日													

6. 20日，采购员李兵出差归来，报销差旅费，需填制差旅费报销单和现金付讫凭单一张（15日从娄底市坐汽车到益阳，汽车票一张，计100元，19日，坐汽车返回娄底，汽车票一张，计100元，住宿费实行包干制，每晚标准120元，共4晚，伙食费补助每天20元，共5天，计100元，公共汽车票85元）。

【业务6-1】

差旅费报销单

单位名称：　　　　　　填报日期：　　年　月　日　　　　　　单位：元

姓　名			职　级			出差事由		出差时间	计划　天		备注
									实际　天		
日　期		起止地点		飞机、车、船票		其　他　费　用					
月	日	起	止	类别	金额	项　目		标准	计算天数	核报金额	
						住宿费	包干报销				
							限额报销				
						伙食补助费					
						车、船补助费					
						其他杂支					
小　计						小　计					
总计金额（大写）	万 仟 佰 拾 元 角 分					预支＿＿＿核销＿＿＿退补＿＿＿					

主管：　　　　部门：　　　　审核：　　　　填报人：

【业务 6-2】

现金付讫凭单

年　月　日　　　　第　号

付款事由		
金额（大写）		现金付讫
备注：		

会计主管：　　　　复核：　　　　出纳：

7．20 日，收到娄底市远东机电公司转账支票一张，金额 48 500 元，归还前欠货款，需填制进账单一张（该公司开户行：娄底市工商银行营业部，账号：1913010109024569896）。

【业务 7】

中国工商银行进账单（收账通知）

填制日期：　年　月　日　　　　第　号

收款人	全　称		付款人	全　称										
	账　号			账　号										
	开户银行			开户银行										
人民币（大写）						百	十	万	千	百	十	元	角	分
票据种类			收款人开户行盖章 年　月　日											
票据张数														
单位主管　会计　复核　记账														

工商银行娄底支行 2015.01.20 转讫

此联是银行交收款人的收账通知

8．21 日，为包装产品领用包装箱 100 个，单价 45 元，领料人孙文，需填制领料单一张。

【业务 8】

领　料　单

领料部门：

领料用途：

年　月　日　　　　第　号

编　号	品　名	规　格	单　位	请领数量	实发数量	单　价	金　额	备　注
附件：				张	合　计			

会计：　　记账：　　发料：　　领料：　　制单：

9．22 日，购买办公用品 185 元，需填制一张销售发票和一张转账支票（钢笔 5 支，单价 15 元，计 75 元；圆珠笔 10 支，单价 5 元，计 50 元；笔记本 20 本，单价 3 元，计 60 元）。

【业务 9-1】

2501030472　　**湖南省娄底市娄星区货物销售发票**　　№09735612

发 票 联

国税

客户：　　　　年　月　日　　　　地址：湖南省娄底市

货 号	品　　名	规 格	单 位	数 量	单 价	超过十万元无效	金额 百	十	万	千	百	十	元	角	分
合计金额（大写）：万　仟　佰　拾　元　角　分															

第二联　报销凭证

票人：　　　　人：　　　　人：　　　　销货单位章（　　章无效）

娄底市江北商场 发票专用章

【业务 9-2】

中国工商银行 转账支票存根（湘）	中国工商银行　转账支票（湘）
BG/02 00930300	株洲 BG/02 00930300
科　目 ________	出票日期（大写）：　年　月　日　　付款行名称：
对方科目 ________	收款人：　　出票人账号：
出票日期　年　月　日	人民币（大写）　亿 千 百 十 万 千 百 十 元 角 分
收款人：	本支票付款期限十天　用途：________　　科目(借)________
金　额：	上列款项请从　　对方科目(贷)________
用　途：	我账户内支付　　转账日期　年　月　日
单位主管　　会计	出票人签章　　复核　　记账

深圳光华印制公司2003年印制

刘晨印

湘丰制造有限公司 431302789022218 财务专用章

10．28 日，收到职工李红归还的借款 3 500 元，需填制收据一张。

【业务 10】

收　　据

年　月　日　　　　第　号

今收到										
人民币（大写）：			十	万	千	百	十	元	角	分
事由：			现金							
			支票　　号							
收款单位	财务负责人		收款人							

现金收讫

第三联　记账联

实训要求

1．熟悉、甄别经济业务的种类、性质。

2．根据经济业务逐笔填制原始凭证。

3．对填制完毕的原始凭证，要认真检查业务手续是否齐备。

任务二 审核原始凭证

任务描述

对原始凭证进行审核是会计人员的法定职责。本任务要求学生掌握原始凭证审核的方法。

任务指导

（一）原始凭证的审核

《会计法》规定，会计机构、会计人员必须审校原始凭证，这是法定职责。会计机构、会计人员进行原始凭证审核，主要包括以下几个方面。

1．审核原始凭证的合法性

原始凭证合法性的审核，包括内容的合法性和形式的合法性两个方面。审核原始凭证内容的合法性，主要审查原始凭证所反映的经济业务是否符合国家的方针、政策、法律、法规及财政、财务、会计制度的规定；审核原始凭证形式上的合法性，主要审查原始凭证的形式是否符合《全国发票管理办法》的规定。根据《全国发票管理办法》的规定，除某些专业票据如车船票等以外，其他一切发票和收款、收据都必须印有税务机关的全国统一发票监制章。

2．审核原始凭证的真实性

原始凭证真实性的审核，即审核原始凭证所反映的经济业务的本来面貌，有无掩盖、伪造、歪曲和颠倒。

对于自制的原始凭证，如收料单、领料单、工资结算单等，应审查收料单所列材料是否确已验收入库；领料单所列领料用途是否虚构，是否将与生产无关的领料作为生产领用材料；工资结算单中姓名、出勤天数、加班天数是否真实等。

对于外来原始凭证，如发票、运单、银行结算凭证等，真实性的审查应当包括以下四个方面。

（1）经济业务的双方当事单位和当事人必须是真实的。

（2）经济业务发生的时间、地点和填制日期必须是真实的。

（3）经济业务的内容必须是真实的。

（4）经济业务所包含的实物量、劳动量、价值量必须是真实的。

3．审核原始凭证的合理性

以国家的有关方针、政策、法律、法规、制度和相关的计划、合同为依据，审核原始凭证所记录经济业务是否符合企业生产经营活动的需要，是否符合有关的计划和预算。

4．审核原始凭证的正确性

原始凭证正确性的审核，主要审核原始凭证的填制方法和数字的计算是否正确。如原始凭证中的数量乘上单价是否等于金额，分项金额之和是否等于合计金额；差旅费报销时有关补贴的计算是否正确；工资结算单中工资的计算是否正确，等等。

5. 审核原始凭证的完整性

原始凭证完整性的审核，主要审查原始凭证的构成要素是否完整、手续是否完备，具体来说，要注意以下几点。

（1）原始凭证的内容必须齐全，如凭证的名称、填制凭证的日期、填制和接受凭证的单位和个人、经济业务的内容和有关人员的签章等都应齐备。

（2）从外单位取得的原始凭证，必须盖有填制单位的发票专用章或财务专用章；从个人取得的原始凭证，必须有填制人员的签名或者盖章。自制原始凭证必须有经办部门负责人或其指定的人员的签名或者盖章，对外开具的原始凭证必须加盖本单位具有法律效力和规定用途的公章，如业务公章、财务专用章、发票专用章、收款专用章等。

（3）凡填有大写和小写金额的原始凭证，大写与小写的金额必须相符，符合书写规范。

（4）购买实物的原始凭证，必须有验收证明。实物购入以后，要按照规定办理验收手续，这有利于明确经济责任，保证账实相符，防止盲目采购，避免物资短缺和流失，会计人员通过对有关原始凭证进行监督检查。需要入库的实物，必须填写入库验收单，由仓库保管人员在入库验收单上如实填写实收数额，并签名或盖章。不需要入库的实物，由经办人员在凭证上签名或盖章以后，必须交由实物保管人员或使用人员进行验收，并由实物保管人员或使用人员在凭证上签名或盖章。经过购买人以外的第三者查证核实以后，会计人员才能据以报销付款并做进一步的会计处理。

（5）一式几联的原始凭证，必须用双面复写纸套写或本身就具备复写功能；必须注明各联的用途，并且只能以一联用作报销凭证；必须连续编号，作废时应加盖“作废”戳记，连同存根一起保存。

（6）发生销货退回及退还货款时，必须填制退货发票，并且附有退货验收证明和对方单位的收款收据，不得以退货发票代替对方的收据。如果情况特殊，可先用银行的有关凭证，如汇款回单等，作为临时收据，待收到收款单位的收款证明后，再将其附在原付款凭证之后，作为正式原始凭证。

（7）职工因公出差借款应填写正式收据，附在记账凭证之后。职工借款时，应由本人填制借款单，经审核并签名或盖章，然后办理借款。借款收据是此项借款业务的原始凭证，在收回借款时，应当另开收据或者退还借款收据的副本，不得退还原借款收据。

（8）经上级有关部门批准的经济业务，应当将批准文件作为原始凭证附件。如果批准文件需要单独归档的，应当在凭证上注明批准机关名称、日期和文件字号。

会计机构、会计人员对不真实、不合法的原始凭证有权不予受理，并向单位负责人报告，请求查明原因，追究有关当事人的责任；对记载不准确、不完整的原始凭证应予以退回并要求经办人员按照国家统一的会计制度的规定进行更正、补充。

对手续不全、编号不符合要求或者计算有错误的，应向经办业务人员说明情况，让其补办手续或者改正。

对违反制度和法令的一切收支，会计人员有权拒绝付款、拒绝报销或拒绝执行，并向本单位领导报告。

对伪造凭证、涂改凭证和虚报冒领等不法行为，会计人员应扣留原始凭证，向领导提出书面报告，请求严肃处理。

（二）原始凭证的错误更正

为了规范原始凭证的内容，明确相关人员的经济责任，防止利用原始凭证进行舞弊，《会计法》对原始凭证错误更正做了规定，其内容包括如下几点。

（1）原始凭证所记载的各项内容均不得涂改，随意涂改原始凭证为无效凭证，不能作为填制记账凭证或登记会计账簿的依据。

（2）原始凭证记载的内容有错误的，应当由开具单位重开或更正。更正工作必须由出具原始凭证的单位进行，并在更正处加盖出具单位印章；重新开具原始凭证当然也应当由开具原始凭证的单位进行。

（3）原始凭证金额出现错误的不得更正，只能由开具原始凭证的单位重新开具。因为原始凭证上的金额是反映经济业务事项情况的最重要数据，如果允许随意更改，容易产生舞弊，不利于保证原始凭证的质量。

（4）原始凭证开具单位应当依法开具准确无误的原始凭证，对于填制有误的原始凭证，负有更正和重新开具的法律义务，不得拒绝。

任务资料

见本项目任务一的任务资料。

任务要求

1．要求学生以“会计主管”的身份对原始凭证所记载的经济业务进行合法性、真实性、合理性、正确性、完整性审核。

2．对有差错的原始凭证按规定方法进行更正。

3．传递原始凭证。

项目三　记账凭证的填制与审核实训

实训综述

记账凭证的填制与审核是会计核算的基础环节之一，正确、及时、完整地填制记账凭证是提高会计信息质量的保证。记账凭证必须根据原始凭证或原始凭证汇总表按规定程序编制。编制完成的记账凭证交稽核人员审核，确认审核无误后，再交记账人员据以登记账簿。通过本项目实训，使学生明确记账凭证应具备的基本要素，了解记账凭证的填制与审核的基本程序，掌握根据原始凭证判断经济业务并填制、审核记账凭证的基本操作技能。

实训指导

（一）记账凭证的填制要求和程序

1. 正确选择记账凭证种类

如果一个单位的经济业务繁杂，且收、付款业务较多，可采用专用记账凭证；如果一个单位的经济业务较简单、规模较小，或收、付款业务较少，可采用通用记账凭证。

2. 必须以审核无误的原始凭证为依据

除结账和更正错账的记账凭证可以不附原始凭证外，其余记账凭证必须附有原始凭证。

3. 按照统一会计制度的规定，正确填制会计科目，编制会计分录

填写会计科目时，应当填写会计科目的全称和子目甚至细目。记账凭证中所编制的会计分录一般应是一借一贷、一借多贷或多借一贷，避免因多借多贷使账户的对应关系不清。对于一些特殊业务，只有多借多贷才能说明来龙去脉时，应按多借多贷填写一张记账凭证，而不能将其拆开。不得将不同内容和类别的经济业务汇总填制在一张记账凭证上。

4. 正确填写记账凭证的日期

付款凭证一般以财会部门付出现金或开出银行付款结算凭证的日期填写；现金收款凭证应当填写收款当日的日期；银行存款收款凭证实际收款日期可能和收到该凭证的日期不一致，则按填制收款凭证的日期填写；月末计提、分配费用、成本计算、转账等业务，大多是在下月初进行，但所填日期应当填写当月最后一天的日期。

5. 记账凭证中金额的填写

记账凭证的金额必须与原始凭证的金额相符；阿拉伯数字应书写规范，并填至分位；相应的数字应平行对准相应的借贷栏次和会计科目的栏次，防止错栏串行；合计行填写金额合计时，应在金额最高位数值前填写人民币“￥”符号，以示金额封口，防止窜改。

6. 记账凭证应按行次逐笔填写，不得跳行或留有空行

记账凭证金额栏数值行的最后一行与底部的合计行之间留有的空行，用斜线或“S”线注销。所画的斜线或“S”线，应自金额栏最后一笔金额数字下的空行分位，画到合计数行上面金额栏开头处的空格。

7. 记账凭证应按月编号

当企业采用通用记账凭证时，记账凭证的编号可以采用顺序编号，即每月都应按经济业务顺序从1号开始，统一编号。当企业采用专用记账凭证时，则采用“字号编号法”。“字”的两种编号方法为：①分收款、付款、转账业务3类按顺序编号；②分现收、银收、现付、银付和转账业务5类按顺序编号。“号”的编法有整数编号法和分数编号法两种：一笔或几笔同类经济业务编一张记账凭证时，用整数编号法顺序编号；一笔经济业务需在两张或两张以上的同类记账凭证上共同反映时，应采用分数编号法，如一笔转账业务需要填制三张转账凭证，转账凭证序号为9号时，这三张凭证可分别编转字$9\frac{1}{3}$号、转字$9\frac{2}{3}$号、转字$9\frac{3}{3}$号。

8. 计算和填写所附原始凭证的张数

记账凭证一般应当附有原始凭证，附件张数用阿拉伯数字写在记账凭证右侧的“附件××张”竖行内。附件张数的计算方法有：①以所附原始凭证的自然张数为准；②以所附原始凭证汇总表的张数为准，但需把原始凭证作为原始凭证汇总表的附件张数处理；③对于汽车票、火车票等形状较小的原始凭证，可粘贴在“凭证粘贴单”上，作为一张原始凭证来对待，但需在“凭证粘贴单”上注明所粘贴的张数和金额；④当一张或几张原始凭证涉及几张记账凭证时，可将原始凭证附在一张主要的记账凭证后面，并在摘要栏内注明“本凭证附件包括××号记账凭证业务”字样，在其他没有附原始凭证的记账凭证上注明“原始凭证附在××号记账凭证后面”字样；⑤原始凭证的复印件，不能作为填制记账凭证的依据。

9. 记账凭证签名或盖章

记账凭证（包括机制记账凭证）填制完成后，相关人员应分别签名盖章，其目的是明确其经济责任，并使会计人员互相制约，互相监督，防止错误和舞弊行为的发生。对于收款凭证及付款凭证还应由出纳人员签名盖章，以证明款项已收讫或付讫。

（二）记账凭证审核的主要内容

1. 内容是否真实

审核记账凭证与所附原始凭证在经济内容和金额上是否一致。

2. 项目是否齐全

审核记账凭证各项目的填写是否齐全，如日期、凭证编号、摘要、会计科目、金额、所附原始凭证张数、有关人员签章。

3. 科目是否正确

审核记账凭证应借、应贷的账户名称和金额是否正确，账户对应关系是否清楚，是否符合会计制度。

4. 金额是否正确

审核记账凭证所记录的金额与原始凭证的有关金额是否一致，原始凭证中的数量、单价、金额计算是否正确。

5. 书写是否规范

审核记账凭证中的记录文字是否工整、数字是否清晰，是否按规定使用蓝墨水笔或碳素墨水笔。

任务一 填制与审核专用记账凭证

任务描述

专用记账凭证是指分类反映经济业务的记账凭证。这种记账凭证按其反映经济业务的内容不同，可分为收款凭证、付款凭证、转账凭证。收款凭证、付款凭证是用来反映货币资金收入、付出业务的凭证。转账凭证是用来反映非货币资金业务的凭证，非货币资金业务是指不涉及货币资金增减变动的业务。填制专用记账凭证后，要经过审查和核对后，才能登记入账。本任务要求学生掌握专用记账凭证的填制方法与审核技能。

任务指导

收款凭证的填制：在收款凭证左上角“借方科目”栏，填列“库存现金”或“银行存款”科目，与“库存现金”或“银行存款”相对应的总账科目和明细科目，填在该凭证的贷方科目栏里。“金额”栏填列贷方科目的实际发生额。合计栏填写贷方金额的合计数，合计数表示借、贷双方的记账金额。

付款凭证的填制：在付款凭证左上角“贷方科目”栏，填列“库存现金”或“银行存款”科目，与“库存现金”或“银行存款”相对应的总账科目和明细科目，填在该凭证的借方科目栏里。“金额”栏填列借方科目的实际发生额。合计栏填写借方金额的合计数，合计数表示借、贷双方的记账金额。

需要注意的是：对于现金与银行存款之间以及不同的银行存款之间的相互划转，一般只编制付款凭证，不编制收款凭证，以免重复记账。

转账凭证的填制：会计科目栏分别填写经济业务所涉及的全部应借应贷的总账科目与明细科目，借方科目的应记金额，在借方科目同行的“借方金额”栏中填列，贷方科目的应记金额，在贷方科目同行的“贷方金额”栏中填列。“借方金额”栏的合计数应与“贷方金额”栏的合计数相等。转账凭证其他栏目的填制与收、付款凭证的填制方法相同。

专用记账凭证的审核按实训规范的要求进行。

任务资料

（一）实训企业概况

企业名称：湘丰制造有限公司
注册资本：100万元
性　　质：有限责任公司
法人代表：朱一凡
会计主管：陈珊
记 账 员：吴斌
制单会计：李小丽
出　　纳：刘晨
保 管 员：刘鸣

备　　注：本公司为地税局发票代开单位

国税局税务登记类型：一般纳税人企业　税务登记号：431302789022218

公司地址：娄底市育才路 28 号　　　　　电话号码：0738-6228779

开户银行：中国工商银行娄底支行

账号：19130101090245698 96

（二）湘丰制造有限公司 2014 年 12 月发生的经济业务

【业务 1】

中国工商银行

现金支票存根（湘）

支票号码　03250010

科　　目：＿＿＿＿＿

对方科目：＿＿＿＿＿

出票日期 *2014*年 *12*月 *1*日

收款人：	湘丰制造有限公司
金　额：	￥2500.00
用　途：	备用金
备　注：	

单位主管　　　会计

复　　核　　　记账

【业务 2-1】

中国工商银行电汇凭证（回单）

委托日期：　　年　月　日　　　　　　　第 002457 号

收款人	全　称		付款人	全　称									
	账　号			账　号									
	开户银行			开户银行									
人民币（大写）					百	十	万	千	百	十	元	角	分
票据种类			收款人开户行盖章 年　月　日										
票据张数													
单位主管　会计　复核　记账													

工商银行娄底支行　2014.12.01　转讫

此联是银行交付款人的支款凭证

【业务 2-2】

湖南省增值税专用发票

发票联

43000452006　　　　No 00065854

开票日期：2014 年 12 月 2 日

购货单位	名称：湘丰制造有限公司 纳税人识别号：431302789022218 地址、电话：娄底市育才路 8 号，0738-6228779 开户行及账号：工商银行娄底支行，1913010109024569896			密码区	3489—1<9—7—61596214 8<032/52>9/29533—4971 1626<8—3024>80906—2 —48—6<7>2*—/>*>5	加密版本 01 43000452006 00065854	
货物或应税劳务名称	规格型号	单位	数量	单价	金额	税率	税额
甲材料		吨	20	1220.00	24400.00	17%	4148.00
合计					¥24400.00		¥4148.00
价税合计（大写）	贰万捌仟伍佰肆拾捌元整				（小写）¥28548.00		
销货单位	名称：娄底市宏恒有限公司 纳税人识别号：431302451287932 地址、电话：娄底长青路 12 号，0738-5587569 开户行及账号：建行长青支行，1913010119024569123			备注	信汇		

收款人：　　复核：　　开票人：　　销货单位（章）

第三联：发票联　购货方记账凭证

【业务 2-3】

收 料 单

材料科目：**材料**　编号：**1203**　材料类别：**原料及主要材料**　收料仓库：**1 号仓库**　供应单位：**娄底市宏恒有限公司**

发票号码：**00065854**　填制日期：*2014* 年 *12* 月 *2* 日　金额单位：元

材料编号	材料名称	规格	计量单位	数量		实际价格			
				应收	实收	单价	发票金额	运费	合计
	甲材料		**吨**	*20*	*20*	*1220.00*			*24400.00*
备注									

采购员：　检验员：**杨威**　记账员：**吴斌**　保管员：**刘鸣**

【业务 3-1】

中国工商银行进账单（收账通知）　01321450

填制日期：2014年 12 月 2 日

付款人	全　称	娄底市向阳物资有限公司	收款人	全　称	湘丰制造有限公司
	账　号	191301010902386792 6		账　号	1913010109024569896
	开户银行	工行广办		开户银行	工商银行娄底支行
人民币（大写）	叁万肆仟柒佰元整				
票据种类	转账支票		收款人开户行盖章		

千	百	十	万	千	百	十	元	角	分
		¥	3	4	7	0	0	0	0

工商银行娄底支行 2014.12.02 转讫

此联是收款人开户行交给收款人的收账通知

【业务 3-2】

中国工商银行进账单（收账通知）　01221423

填制日期：2014年 12 月 2 日

付款人	全　称	娄底市八一材料厂	收款人	全　称	湘丰制造有限公司
	账　号	581257861466256		账　号	1913010109024569896
	开户银行	娄底市农行营业部		开户银行	娄底市工行娄底支行
人民币（大写）	贰万伍仟元整				
票据种类	转账支票		收款人开户行盖章 年　月　日		

千	百	十	万	千	百	十	元	角	分
		¥	2	5	0	0	0	0	0

工商银行娄底支行 2014.12.02 转讫

此联是收款人开户行交给收款人的收账通知

【业务 4-1】

湖南省增值税专用发票

发 票 联

43000452547　　　　　　　　　　　　　　　　　　　　　№ 00069726

开票日期：2014 年 12 月 3 日

购货单位	名　　称：	湘丰制造有限公司	密码区	1289—1<9—7—61596214 8<032/52>9/29510—4974 1626<8—3021>82906—2 —47—6<7>2*—/>*>5
	纳税人识别号：	431302789022218		加密版本 01 43000452547 00069726
	地 址、电 话：	娄底市育才路 8 号，0738-6228779		
	开户行及账号：	工商银行娄底支行，1913010109024569896		

货物或应税劳务名称	规格型号	单位	数量	单价	金　额	税率	税　额
甲材料		吨	50	1210.00	60500.00	17%	10285.00
乙材料		吨	10	780.00	7800.00	17%	1326.00
合　计					¥68300.00		¥11611.00
价税合计（大写）	柒万玖仟玖佰壹拾壹元整			（小写）¥79911.00			

销货单位	名　　称：	邵阳市金阳机电有限公司	备注	邵阳市金阳机电有限公司 430502185569112 发票专用章
	纳税人识别号：	430502185569112		
	地 址、电 话：	东太路 107 号，0739-5259633		
	开户行及账号：	城市信用社，78647172010100000816		

收款人：　　　　复核：　　　　开票人：李铁　　　　销货单位（章）

第三联：发票联　购货方记账凭证

【业务 4-2】

中国工商银行电汇凭证（回单）

委托日期：2014 年 12 月 4 日　　　　　　第 002458 号

收款人	全　称	邵阳市金阳机电有限公司	付款人	全　称	湘丰制造有限公司
	账　号	78647172010100000816		账　号	1913010109024569896
	开户银行	城市信用社		开户银行	工商银行娄底支行

人民币（大写）	捌万叁仟壹佰贰拾壹元整	百	十	万	千	百	十	元	角	分
			¥	8	3	1	2	1	0	0

票据种类		工商银行娄底支行 2014.12.04 转讫 收款人开户行盖章 年　月　日
票据张数		
单位主管　会计　复核　记账		

此联是银行交付款人的支款凭证

【业务 4-3】

公路、内河货物运输业统一发票

发　票　联

备查号　　　　　　　　　　　　　　　　　　发票代码：237030411236

开票日期：2014年12月4日　　　　　　　　　发票号码：00047425

机打代码 机打号码 机器编号	23703041150200007478	税控码	
收货人及纳税人识别号	湘丰制造有限公司 431302789022218	承运人及纳税人识别号	邵阳市联运公司 370102800965338
发货人及纳税人识别号	邵阳市金阳机电有限公司 430502185569112	主管税务机关及代码	邵阳市双清区地税局 237030503
运输项目及金额	货物名称　数量　运费金额 甲材料　50吨　2500元 乙材料　10吨　500元	其他项目及金额 杂费 210元	备注（手写无效） 代开单位盖章
运费小计	¥3000.00	其他费用小计	¥210.00
合计（大写）	人民币叁仟贰佰壹拾元整	（小写）¥3210.00	
代开单位及代码	邵阳市双清区地税局 237030503	扣缴税额、税率完税凭证号码	

第二联：发票联　付款方记账凭证

【业务 4-4】填写材料运杂费分摊表。

材料运杂费分摊表

2014年12月4日

材料名称	分配标准（吨）	分配率（%）	分配金额（元）
甲材料	50		
乙材料	10		
合　计	60		

制表：

【业务 5】业务 4 中的两种材料均已如数验收入库，按实际成本结转。

收 料 单

材料科目： 编 号：

材料类别： 收料仓库：

供应单位： 发票号码：

填制日期： 年 月 日

材料编号	材料名称	规格	计量单位	数量		实际价格（元）			
				应收	实收	单价	发票金额	运费	合计
备 注									

采购员： 检验员： 记账员： 保管员：

【业务 6】

发料凭证汇总表

2014 年 12月 5日 单位：吨，元

领料部门及用途		甲材料			乙材料			丙材料			合 计
		数量	单价	金额	数量	单价	金额	数量	单价	金额	
基本生产	A 产品	20	1220	24400							
	B 产品	14.2	1220	17324							
车间耗用		1	1220	1220							
管理部门		0.6	1220	732							
合 计		35.8	1220	43676							

会计主管： 记账： 保管： 制表：张扬

【业务 7-1】

湖南省增值税专用发票

记 账 联

43000452065　　　　　　　　　　　　No 00069783

此联不作报销、扣税凭证使用　　　　开票日期：2014 年 12 月 5 日

购货单位	名　称：娄底市大华有限公司 纳税人识别号：431302789020214 地 址、电 话：娄底市新星南路 56 号，0738-8360289 开户行及账号：娄底市工行营业部，1913010109024525413	密码区	2488—1<8—7—61596245 8<032/52>9/29533—4944 1621<8—3021>82906—2 —47—6<7>2*—/>*>1	加密版本 01 43000452065 00069783

货物或应税劳务名称	规格型号	单位	数量	单价	金 额	税率	税 额
A 产品		件	75	1100.00	82500.00	17%	14025.00
合 计					¥82500.00		¥14025.00
价税合计（大写）	玖万陆仟伍佰贰拾伍元整				（小写）¥96525.00		

销货单位	名　称：湘丰制造有限公司 纳税人识别号：431302789022218 地 址、电 话：娄底市育才路 8 号，0738-6228779 开户行及账号：工商银行娄底支行，1913010109024569896	备注	湘丰制造有限公司 431302789022218 发票专用章

收款人：　　复核：　　开票人：陈姬　　销货单位（章）

第一联：记账联　销货方记账凭证

【任务 7-2】

中国工商银行 转账支票（湘）　株洲 BG/02 01666578

出票日期(大写)：贰零壹肆年壹拾贰月零伍日　　付款行名称：娄底市工行营业部

收款人：湘丰制造有限公司　　出票人账号：913010109024525413

人民币（大写）	亿	千	百	十	万	千	百	十	元	角	分
玖万陆仟伍佰贰拾伍元整				¥	9	6	5	2	5	0	0

本支票付款期限十天

用途：货款　　　　　　　　科目(借)________

上列款项请从　　　　　　　对方科目(贷)________

我账户内支付　　　　　　　付讫日期　年　月　日

出票人签章　　　　　　　　出纳　复核　记账

娄底市大华有限公司 财务专用章　　刘民印一

【业务 7-3】

中国工商银行进账单（收账通知）

年　月　日　　　　第 002 号

收款人	全　称		付款人	全　称	
	账　号			账　号	
	开户银行			开户银行	
人民币（大写）					百 十 万 千 百 十 元 角 分
票据种类			工商银行娄底支行 2014.12.05 转讫 收款人开户行盖章 年　月　日		
票据张数					
单位主管　会计　复核　记账					

【业务 8-1】

中国工商银行

现金支票存根（湘）

支票号码　03250451

科　　目：________

对方科目：________

出票日期 2014年 12月 6日

收款人：	娄底光明物资供应公司
金　额：	¥54 000.00
用　途：	偿还货款
备　注：	

单位主管　　会计

复　　核　　记账

【业务 8-2】

中国工商银行电汇凭证（回单）

委托日期：2014 年 12 月 6 日　　　　第 002457 号

收款人	全　称	湘潭市新华材料厂	付款人	全　称	湘丰制造有限公司								
	账　号	1913010109024568931		账　号	1913010109024569896								
	开户银行	工商银行湘潭市支行营业部		开户银行	工商银行娄底支行								
人民币（大写）		肆万陆仟元整			百	十	万	千	百	十	元	角	分
						¥	4	6	0	0	0	0	0
票据种类			收款人开户行盖章 年　月　日										
票据张数													
单位主管　会计　复核　记账													

此联是银行交付款人的支款凭证

【业务 9-1】

中华人民共和国税收通用缴款书　国

隶属关系：市属　　　　[2000] 湘国缴 0056322 号

经济类型：有限责任公司　填发日期：2014年 12 月 7 日　　收入机关：娄底市地税局

缴款单位（人）	代　码	431302789022218		预算科目	编码	010103
	全　称	湘丰制造有限公司			名称	股份制企业增值税
	开户银行	工商银行娄底支行			级次	中央级 75% 地（市）级 25%
	账　号	1913010109024569896		收款国库		娄底市金库
税款所属时期：2014年 11月 1日—2014年 11月 30日				税款限缴日期：2014年 12月 10日		
品目名称	课税数量	计税金额或销售收入	税率或单位税额	已缴或扣除额	实缴税额	
增值税		235294.12	17%		40000.00	
金额合计（大写）	肆万元整					
缴款单位（人）（盖章） 经办人（章）	税务机关（盖章） 填票人（盖章）	上列款项已收妥并划转收款单位账户 国库（银行）盖章　　年　月　日			备注	

第一联（收据）国库（银行）收款盖章后退缴款单价（人）作完税凭证

【业务 9-2】

中华人民共和国税收通用缴款书 地

隶属关系：市属　　　　　　　　　　　　　　　　　　　　　　　　　　　　[2000] 湘国缴 0056313 号

经济类型：有限责任公司　　　　填发日期：2014年 12月 7日　　　　收入机关：娄底市地税局

缴款单位（人）	代　码	431302789022218	预算科目	编码	010103
	全　称	湘丰制造有限公司		名称	股份制企业城建税
	开户银行	工商银行娄底支行		级次	市级 100%
	账　号	1913010109024569896	收款国库		娄底市金库
税款所属时期：2014年 11月 1日—2014年 11月 30日			税款限缴日期：2014年 12月 10日		

品目名称	课税数量	计税金额或销售收入	税率或单位税额	已缴或扣除额	实缴税额
城建税		40000.00	7%		2800.00
金额合计（大写）	贰仟捌佰元整				

缴款单位（人）（盖章） 经办人（章）	税务机关（盖章） 填票人（盖章）	上列款项已收妥并划转收款单位账户 国库（银行）盖章　　年　月　日	备注

工商银行娄底支行 2014.12.07 转讫

娄底市地方税务局 征税专用章

湘丰制造有限公司 431302789022218 财务专用章

第一联（收据）国库（银行）收款盖章后退缴款单价（人）作完税凭证

【业务 9-3】

中华人民共和国税收通用缴款书 地

隶属关系：市属　　　　　　　　　　　　　　　　　　　　　　　　　　　　[2000] 湘国缴 0056314 号

经济类型：有限责任公司　　　　填发日期：2014年 12月 7日　　　　收入机关：娄底市地税局

缴款单位（人）	代　码	431302789022218	预算科目	编码	010103
	全　称	湘丰制造有限公司		名称	股份制企业教育费附加
	开户银行	工商银行娄底支行		级次	市级 100%
	账　号	1913010109024569896	收款国库		娄底市金库
税款所属时期：2014年 11月 1日—2014年 11月 30日			税款限缴日期：2014年 12月 10日		

品目名称	课税数量	计税金额或销售收入	税率或单位税额	已缴或扣除额	实缴税额
教育费附加		40000.00	3%		1200.00
金额合计（大写）	贰仟捌佰元整				

缴款单位（人）（盖章） 经办人（章）	税务机关（盖章） 填票人（盖章）	上列款项已收妥并划转收款单位账户 国库（银行）盖章　　年　月　日	备注

工商银行娄底支行 2014.12.07 转讫

娄底市地方税务局 征税专用章

湘丰制造有限公司 431302789022218 财务专用章

第一联（收据）国库（银行）收款盖章后退缴款单价（人）作完税凭证

【业务 10-1】

2501030426　　**湖南省娄底市娄星区货物销售发票**　　№09735632

发票联　　国税

客户：湘丰制造有限公司　　2014年 12 月 8 日　　地址：湖南省娄底市

货号	品名	规格	单位	数量	单价	超过十万元无效	金额 百	十	万	千	百	十	元	角	分
	工作服		套	20	40.00						8	0	0	0	0
合计金额（大写）：捌佰元整										¥	8	0	0	0	0

第二联　报销凭证

娄底市江北商场 发票专用章

开票人：张红　　收款人：李小玉　　验收人：　　销货单位章（未盖章无效）

【业务 10-2】

现金付讫凭证单

2014年 12 月 8日　　第　　号

付款事由	购工作服
金额（大写）捌佰元整	
备注：直接交付车间做劳保用品使用	

现金付讫

会计主管：　　复核：　　出纳：刘晨

【业务 11-1】

中国工商银行托收承付款凭证（回单）

委托日期：　年　月　日

第 0680152 号

付款人	全　称		收款人	全　称			
	账　号			账　号			
	开户银行			开户银行		行号	7861

托收金额		千	百	十	万	千	百	十	元	角	分

附件		商品发运情况	合同名称号码
附寄单证张数或册数	4		

备注：	款项收妥日期 年　月　日	收款人开户行盖章 年　月　日

单位主管：　　会计：　　复核：　　记账：

【业务 11-2】

湖南省增值税专用发票

记 账 联

43000452066　　　　　　　　　　　　　　　　　　　　　　　　　　№ 00069784

此联不作报销、扣税凭证使用　　　　　开票日期：2014 年 12 月 10 日

购货单位	名　　称： 纳税人识别号： 地 址、电 话： 开户行及账号：	湖北红星塑料厂 42105307213058 汉口市汉阳路，027-59410209 工行营业部，190234576211237	密码区	2487—2<9—7—61594584 8<032/52>9/29533—4974 1626<8—3024>82906—2 —41—6<7>2*—/>*>1
				加密版本 01 43000452066 00069784

货物或应税劳务名称	规格型号	单位	数量	单价	金　额	税率	税　额
B 产品		件	26	50.00	13000.00	17%	2210.00
合　计					¥13000.00		¥2210.00
价税合计（大写）	壹万伍仟贰佰壹拾元整			（小写）¥15210.00			

销货单位	名　　称： 纳税人识别号： 地 址、电 话： 开户行及账号：	湘丰制造有限公司 431302789022218 娄底市育才路 8 号，0738-6228779 工商银行娄底支行，1913010109024569896	备注	湘丰制造有限公司 431302789022218 发票专用章

收款人：　　　　　复核：　　　　　开票人：陈姬　　　　　销货单位（章）

第一联：记账联　销货方记账凭证

【业务 11-3】

代垫费用清单（存根）

*2014*年 *12*月 *10*日　　　　　　　　　　　　第 *0002*号

单位名称	**湖北红星塑料厂**	附送单据	*1*张
费用项目	**运杂费**	金额（大写）：**伍佰元整**	（小写）¥**500.00**
备　注			

【业务 11-4】

中国工商银行

转账支票存根（湘）

支票号码　03250452

科　　目：________

对方科目：________

出票日期 2014年 12月 10日

收款人：	娄底湘运公司
金　额：	¥500.00
用　途：	代垫运费
备　注：	

单位主管　　会计

复　　核　　记账

【业务 12-1】

中国工商银行

转账支票存根（湘）

支票号码　03250453

科　　目：________

对方科目：________

出票日期 2014年 12月 10日

收款人：	娄底市新蓝电脑公司
金　额：	¥15000.00
用　途：	购手提电脑
备　注：	

单位主管　　会计

复　　核　　记账

【业务 12-2】

娄底市商业行业货物销售发票

湖南

发　票　联

№00973559

客户：湘丰制造有限公司　　2014年 12月 10日　　地址：

货 号	名 称	规 格	等 级	单 位	数 量	单 价	百	十	万	千	百	十	元	角	分
							金额								
	手提电脑			台	2	7500.00			1	5	0	0	0	0	0
合计金额（大写）：壹万伍仟元整						（小写）		¥	1	5	0	0	0	0	0

第二联　报销凭证

转账付讫

娄底市新蓝电脑公司　431302198801428　发票专用章

开票人：刘艳　　收款单位章（未盖章无效）

【业务 12-3】

固定资产验收单

供货单位：新蓝电脑公司　　编号：

发票号码：00973559　　2014 年 12月 10日

编号	名称	规格	计量单位	数量 应收	数量 实收	实际价格（元） 单价	发票金额	运杂费用	合计	备注
	手提电脑		台	2	2	7500.00	15000.00		15000.00	

质量检验记录	制造日期	合格证号	技术条件	质量状况	检查结论
				优良	同意入库

采购员：　　检验员：　　记账员：　　使用部门：办公室

【业务 13-1】

中国工商银行
转账支票存根（湘）
支票号码　03250454
科　　目：__________
对方科目：__________
出票日期 2014年 12月 10日
收款人：
金　额：￥44800.00
用　途：发工资
备　注：
单位主管　　　会计
复　核　　　　记账

【业务 13-2】

工资结算汇总表

2014年 12月 10日　　　　单位：元

部　门	基本工资	奖　金	津　贴	应付工资	各种代扣款	实付工资
生产工人						
——A 产品	22000.00	1800.00	500.00	24300.00	1 000.00	23300.00
——B 产品	10200.00	1500.00	800.00	12500.00	800.00	11700.00
车间管理人员	2000.00	900.00	200.00	3100.00	100.00	3000.00
厂部管理人员	4000.00	800.00	300.00	5100.00	700.00	4400.00
销售人员	1800.00	400.00	200.00	2400.00		2400.00
合　计	40000.00	5400.00	2000.00	47400.00	2600.00	44800.00

【业务 14-1】

中国工商银行
转账支票存根（湘）

支票号码 03250455
科　　目：
对方科目：
出票日期 2014年 12月 10日

收款人：
金　额：￥7000.00
用　途：修理费
备　注：

单位主管　　会计
复　核　　记账

【业务 14-2】

湖南省娄底市修理修配发票
发票联

1430002043031
№ 00001228

客户：2014年 12月 11日　　　　地址：

工作单位		修理类别		厂牌型号		入厂：　年　月　日
牌照号码		车　别		送修人		出厂：　年　月　日

计费项目	超过拾万元无效	万	千	百	十	元	角	分
修理工时费附结算明细表　张　号			7	0	0	0	0	0
配件材料费附结算明细表　张　号								
配件、材料管理费附清单								
合　计		￥	7	0	0	0	0	0
合计金额（大写）	柒仟元整							

付款单位记账凭证

开票人：　　　　收款单位章（未盖章无效）

娄底市华美汽车修理厂
发票专用章

【业务 15-1】

中国工商银行进账单（收账通知）

2014年 12月 10日　　　　　　　　　　　　　　　　第　　号

收款人	全　称		付款人	全　称	
	账　号			账　号	
	开户银行			开户银行	
人民币(大写)				百 十 万 千 百 十 元 角 分	
据种类			收款人开户行盖章		
票据张数			2014 年 12 月 10 日		
单位主管　　会计　　复核　　记账					

工商银行娄底支行
2014.12.10
转讫

此联是银行交收款人的收账通知

【业务 15-2】

中国工商银行银行汇票(收款通知)

付款期限
壹 个 月

00448978

第　　号

账号：061466385245700

出票日期（大写）贰零壹肆年壹拾贰月拾贰日			代理付款行：中国工商银行德雅支行　行号：410									
收款人：湘丰制造有限公司		账号：1913010109024569896										
出票金额（大写）　人民币柒万壹仟元整												
实际结算金额（大写）	人民币陆万肆仟叁佰伍拾元整		千	百	十	万	千	百	十	元	角	分
					¥	6	4	3	5	0	0	0
申请人：长沙南泰销售公司												
出票行：工行德雅支行												

行　号：410	多余金额										科目（借）______
备　注：货款及运费											对方科目（贷）______
凭票付款	千	百	十	万	千	百	十	元	角	分	兑付日期 2014年 12月 12日
出票行签章				¥	6	6	5	0	0	0	复核　　记账

工商银行娄底支行
2014.12.12
转讫

此联是出票行交收款行作收款凭证

【业务 15-3】

中国工商银行银行汇票（解讫）

00448978

第　　号

账号：010110922599088

出票日期（大写） 贰零肆零年壹拾贰月拾贰日		代理付款行：中国工商银行德雅支行 行号：410
收款人：湘丰制造有限公司	账号：1913010109024569896	
出票金额（大写） 人民币柒万壹仟元整		
实际结算金额（大写） 人民币陆万肆仟叁佰伍拾元整	千 百 十 万 千 百 十 元 角 分 ¥ 6 4 3 5 0 0 0	
申请人：长沙南泰销售公司 出票行：工行德雅支行		
行　号：410 备　注：货款及运费 凭票付款 出票行签章	多余金额 千 百 十 万 千 百 十 元 角 分 ¥ 6 6 5 0 0 0	科目（借） 对方科目（贷） 兑付日期 2014年12月12日 复核　　记账

工商银行娄底支行 2014.12.12 转讫

此联代理付款行兑付后随报单寄出票行，由出票行作多余款贷方凭证

【业务 15-4】

湖南省增值税专用发票

记　账　联

43000452067　　　此联不作报销、扣税凭证使用　　　No 00069785

开票日期：2014 年 12 月 11 日

购货单位	名　　称：长沙南泰销售公司 纳税人识别号：431103748241898 地址、电话：德雅路 25 号，0731-2625441 开户行及账号：工行德雅支行，19010110922599088			密码区	2389—1<4—7—615962123 8<032/52>9/29531—4941 1626<8—3024>82906—2 —41—6<7>2*—/>*>4	加密版本 01 43000452067 00069785	
货物或应税劳务名称	规格型号	单位	数量	单价	金　额	税率	税　额
A 产品		件	50	1100.00	55000.00	17%	9350.00
合　计					¥55000.00		¥9350.00
价税合计（大写）	陆万肆仟叁佰伍拾元整			（小写） ¥64350.00			
销货单位	名　　称：湘丰制造有限公司 纳税人识别号：431302789022218 地址、电话：娄底市育才路 8 号，0738-6228779 开户行及账号：工商银行娄底支行，1913010109024569896			备注	湘丰制造有限公司 431302789022218 发票专用章		

收款人：　　复核：　　开票人：陈姬　　销货单位（章）

第一联：记账联　销货方记账凭证

【业务 16-1】

托收承付凭证（付款通知）

委邮

委托日期：2014年12月6日　　　　付款日期：2014年12月12日

付款人	全称	湘丰制造有限公司	收款人	全称	株洲市宏达物资供应公司
	账号或地址	1913010109024569896		账号或地址	1901011009226860123
	开户银行	工商银行娄底支行		开户银行	工商银行白云路支行　行号 25567
委收金额（大写）	人民币壹万肆仟零肆拾元整			千百十万千百十元角分	¥ 1 4 0 4 0 0 0
款项内容	货款	委托收款凭据名称		附寄单证张数	2
备注		付款人注意：1. 应于见票当日通知开户银行划款。 2. 如需拒付，应在规定期限内，将拒付理由书并附债务证明交退开户银行。			

工商银行娄底支行 2014.12.12 转讫

单位主管：　会计：　复核：　记账：　付款人：　开户银行盖章：　年　月　日

此联是付款人开户银行给付款人按期付款的通知

【业务 16-2】

湖南省增值税专用发票

发票联

43000452098　　　　No 000458239

开票日期：2014年12月06日

购货单位	名称：湘丰制造有限公司 纳税人识别号：431302789022218 地址、电话：娄底市育才路8号，0738-6228779 开户行及账号：工商银行娄底支行，1913010109024569896			密码区	2149—1<4—7—61596174 8<030/52>9/29533—4989 1626<8—3024>82910—1 —47—6<7>2*—/>*>8	加密版本 01 43000452098 000458239	
货物或应税劳务名称	规格型号	单位	数量	单价	金额	税率	税额
甲材料		吨	10	1220.00	12000.00	17%	2040.00
合计					¥12000.00		¥2040.00
价税合计（大写）	壹万肆仟零肆拾元整			（小写）¥14040.00			
销货单位	名称：株洲市宏达物资供应公司 纳税人识别号：431103748243567 地址、电话：白云路14号，0733-5578963 开户行及账号：工商银行株洲市白云路支行，1901011009226860123			备注	株洲市宏达物资供应公司 431103748243567 发票专用章		

收款人：　复核：　开票人：李红　销货单位（章）

第三联：发票联　购货方记账凭证

【业务 16-3】

收 料 单

材料科目：材料　　　　　　　　　　　　　　　编　　号：1203

材料类别：原料及主要材料　　　　　　　　　　收料仓库：1 号仓库

供应单位：　　　　　　　　　　　　　　　　　发票号码：00045829

填制日期：2014年 12月 12日

材料编号	材料名称	规格	计量单位	数量		实际价格（元）			
				应收	实收	单价	发票金额	运费	合计
	甲材料		吨	10	10	1200.00	12000.00		12000.00
备　注									

采购员：　　　　检验员：　　　　记账员：　　　　保管员：

【业务 17-1】

差旅费报销单

单位名称：　　　　　　　　填报日期：2014 年 12 月 13 日　　　　　　　　单位：元

<table>
<tr><td colspan="2" rowspan="2">姓名</td><td rowspan="2">周清</td><td rowspan="2">职级</td><td colspan="2" rowspan="2"></td><td rowspan="2">出差事由</td><td rowspan="2">开会</td><td rowspan="2">出差时间</td><td colspan="2">计划期 4天</td><td rowspan="11">备注</td></tr>
<tr><td colspan="2">实际 4天</td></tr>
<tr><td colspan="2">日期</td><td colspan="2">起止地点</td><td colspan="2">飞机、车、船票</td><td colspan="5">其他费用</td></tr>
<tr><td>月</td><td>日</td><td>起</td><td>止</td><td>类别</td><td>金额</td><td colspan="2">项目</td><td>标准</td><td>计算天数</td><td>核报金额</td></tr>
<tr><td>12</td><td>10</td><td>娄底</td><td>深圳</td><td>火车</td><td>200.00</td><td rowspan="2">住宿费</td><td>包干报销</td><td>70.00</td><td>4</td><td>280.00</td></tr>
<tr><td>12</td><td>13</td><td>深圳</td><td>娄底</td><td>火车</td><td>200.00</td><td>限额报销</td><td></td><td></td><td></td></tr>
<tr><td></td><td></td><td></td><td></td><td></td><td></td><td colspan="2">伙食补助费</td><td></td><td></td><td></td></tr>
<tr><td></td><td></td><td></td><td></td><td></td><td></td><td colspan="2">车、船补助费</td><td></td><td></td><td></td></tr>
<tr><td></td><td></td><td></td><td></td><td></td><td></td><td colspan="2">其他杂支</td><td></td><td></td><td></td></tr>
<tr><td colspan="5">小计</td><td>400.00</td><td colspan="4">小计</td><td>280.00</td></tr>
<tr><td colspan="2">总计金额（大写）</td><td colspan="4">陆佰捌拾元整</td><td colspan="5">预支 1000.00 核销 680.00 退 320.00</td></tr>
</table>

主管：王洁　　　　部门：　　　　审核：朱红　　　　填报人：周清

【业务 17-2】

收　据

2014年 12月 13日　　　　第　　　号

<table>
<tr><td colspan="4">今收到</td><td colspan="8"></td></tr>
<tr><td colspan="4" rowspan="2">人民币（大写）：叁佰贰拾元整　现金收讫</td><td>十</td><td>万</td><td>千</td><td>百</td><td>十</td><td>元</td><td>角</td><td>分</td></tr>
<tr><td></td><td></td><td>¥</td><td>3</td><td>2</td><td>0</td><td>0</td><td>0</td></tr>
<tr><td colspan="4" rowspan="2">事由：周清退回差旅费余款</td><td colspan="8">现金</td></tr>
<tr><td colspan="8">支票　　　　号</td></tr>
<tr><td>收款单位</td><td></td><td>财务负责人</td><td></td><td colspan="4">收款人</td><td colspan="4"></td></tr>
</table>

【业务 18-1】

委托收款凭证（付款通知）

委收号码：第 06213 号

委电

委托日期：2014年 12月 13日　　　　付款日期：　年　月　日

<table>
<tr><td rowspan="3">付款人</td><td>全称</td><td>湘丰制造有限公司</td><td rowspan="3">收款人</td><td>全称</td><td colspan="10">娄底市电力公司</td></tr>
<tr><td>账号</td><td>1913010109024569896</td><td>账号</td><td colspan="10">581257861466389</td></tr>
<tr><td>开户银行</td><td>工商银行娄底支行</td><td>开户银行</td><td colspan="6">娄底市建设银行月塘支行</td><td colspan="2">行号</td><td colspan="2">023</td></tr>
<tr><td rowspan="2">委收金额（大写）</td><td colspan="4" rowspan="2">人民币贰万壹仟柒佰陆拾贰元整　工商银行娄底支行 2014.12.13 转讫</td><td>千</td><td>百</td><td>十</td><td>万</td><td>千</td><td>百</td><td>十</td><td>元</td><td>角</td><td>分</td></tr>
<tr><td></td><td></td><td>¥</td><td>2</td><td>1</td><td>7</td><td>6</td><td>2</td><td>0</td><td>0</td></tr>
<tr><td>款项内容</td><td>电费</td><td>委托收款凭据名称</td><td></td><td colspan="4">附寄单证张数</td><td colspan="6">1张</td></tr>
<tr><td>备注</td><td colspan="2">电划</td><td colspan="12">付款人注意：1. 应于见票当日通知开户银行划款。
2. 如需拒付，应在规定的期限内，将拒付理由书并附债务证明退交开户银行。</td></tr>
</table>

此联是付款人开户银行给付款人按期付款的通知

单位主管：　　会计：　　复核：　　记账：　　付款人：　　开户银行盖章：　　年　　月　　日

【业务 18-2】

湖南增值税专用发票

发票联

43000204599　　　　　　　　　　　　　　　　№ 00017812

开票日期：2014 年 12 月 12 日

购货单位	名　　称：湘丰制造有限公司 纳税人识别号：431302789022218 地 址、电 话：娄底市育才路 8 号，0738-6228779 开户行及账号：工商银行娄底支行，1913010109024569896	密码区	2484－1<9－7－61596236 8<032/52>9/29545－4989 1626<8－3024>82906－4 －17－6<7>2*－/>*>2/	加密版本：01 43000204599 00017812

货物或应税劳务名称	规格型号	单位	数量	单价	金　额	税率	税　额
电		度	33818	0.55	18600.00	17%	3162.00
合　计					¥18600.00		¥3162.00
价税合计（大写）	贰万壹仟柒佰陆拾贰圆整				（小写）¥ 21762.00		

销货单位	名　　称：娄底市城区电力局 纳税人识别号：431302543554785 地 址、电 话：贤童街 87 号，0738-8238648 开户行及账号：娄底市建设银行月塘支行，581257861466389	备注	娄底市城区电力局 电费结算章

收款人：　　　复核：　　　开票人：李立　　　销货单位（章）

第三联：发票联　购货方记账凭证

【业务 18-3】

电费分配表

年　月　日

部　门	分配标准（度）	分 配 率	分 配 金 额
生产车间			
——A 产品	12000		
——B 产品	8000		
车间管理部门	10618		
行政管理部门	3200		
合　计	33818		

会计主管：　　　　记账：　　　　制表：

【业务 19-1】

娄底市商业行业货物销售发票 （02）

全国统一发票监制章 湖南 国家税务总局监制

发 票 联

№009735687

客户：湘丰制造有限公司 2014 年 12 月 15 日 地址：

货号	品名	规格	等级	单位	数量	单价	金额 百	十	万	千	百	十	元	角	分
	钢笔			支	5	14.00						7	0	0	0
	圆珠笔			支	25	6.00					1	5	0	0	0
	笔记本			本	20	4.00						8	0	0	0
合计金额（大写）：人民币叁佰元整										¥	3	0	0	0	0

第二联 报销凭证

娄底市银河商场 发票专用章

开票人：张立 收款单位章（未盖章无效）

【业务 19-2】

现金付讫凭单

2014 年 12 月 15 日 第 号

付款事由	购办公用品
金额（大写）人民币叁佰元整	
备注：车间办公用	

现金付讫

会计主管：王洁 复核： 出纳：刘晨

【业务 20】

发料凭证汇总表

2014 年 12 月 17 日 单位：吨，元

领料部门及用途		甲材料 数量	甲材料 单价	甲材料 金额	乙材料 数量	乙材料 单价	乙材料 金额	合计
基本生产	A 产品				6	800.00	4800.00	
	B 产品				2	800.00	1600.00	
车间耗用					0.6	800.00	480.00	
管理部门					0.3	800.00	240.00	
销售部门					0.1	800.00	80.00	
合计					9		7200.00	

会计主管： 记账： 保管： 制表：

【业务 21】

借支单

2014年 12月 18日　　　　单位：元

姓　　名	张为	工作部门		职务	业务经理
借款原因	去深圳开会		领导审批	同意 朱一凡	
借支金额（大写）	人民币壹仟伍佰元整			¥1500.00	
备　　注				现金付讫	

【业务 22-1】

中国工商银行进账单（收账通知）

01321450

填制日期：2014年 12 月 19日

付款人	全　称	娄底市向阳物资有限公司	收款人	全　称	湘丰制造有限公司
	账　号	1913010109023867926		账　号	1913010109024569896
	开户银行	工商银行广场办事处		开户银行	工商银行娄底支行

人民币（大写）	千	百	十	万	千	百	十	元	角	分
壹万贰仟元整			¥	1	2	0	0	0	0	0

票据种类	转账支票	工商银行娄底支行 2014.12.19 转讫 收款人开户行盖章

此联是收款人开户行给收款人的收款通知

【业务 22-2】

娄底市服务业统一发票

客户：娄底市向阳物资有限公司 2014年12月19日 №0001048

项 目	规 格	单 位	数 量	金额								备 注
				十	万	千	百	十	元	角	分	
门面租金				¥	1	2	0	0	0	0	0	
人民币（大写）：壹万贰仟元整												

第一联：记账联

开票人：王大力 单位盖章（未盖章无效）

湘丰制造有限公司 431302789022218 发票专用章

【业务 23-1】

中国工商银行

转账支票存根（湘）

支票号码 03250456

科　　目：__________

对方科目：__________

出票日期 2014年12月20日

收款人：	娄底星宇广告公司
金　额：	¥8000.00
用　途：	付广告费
备　注：	

单位主管　　会计

复　核　　记账

【业务 23-2】

娄底市广告业统一发票

客户：湘丰制造有限公司 2014年12月20日 №0001034

项 目	规 格	单 位	数 量	金额							备 注
				万	千	百	十	元	角	分	
产品广告费				¥	8	0	0	0	0	0	
金额（大写）：人民币捌仟元整											

第二联 报销凭证

开票人：王大力 单位盖章（未盖章无效）

娄底市星宇广告有限公司 发票专用章

【业务 24】

领 料 单

领料部门：销售部

领料用途：包装产品　　　　2014年 12 月 20 日　　　　金额单位：元　　第　　号

编号	品 名	规格	单位	请领数量	实发数量	单价	金 额	备注
	塑料桶		只	300	300	10.00	3000.00	
附件：		张			合 计		¥3000.00	

会计：　　记账：　　发料：　　领料：　　制单：

【业务 25-1】

湖南省增值税专用发票

记 账 联

43000452068　　　　此联不作报销、扣税凭证使用　　　　№ 00069786

开票日期：2014 年 12 月 21 日

购货单位			密码区	
名 称：	长沙南泰销售公司		2429—1<9—7—615962456 8<032/52>9/29533—4974 1626<8—3024>82906—2 —47—6<7>2*—/>*>1	加密版本 01 43000452068 00069786
纳税人识别号：	431103748241898			
地 址、电 话：	德雅路 25 号，0731-2625441			
开户行及账号：	工商银行德雅支行，19010110922599088			

货物或应税劳务名称	规格型号	单位	数量	单价	金 额	税率	税 额
B 产品		件	150	500.00	75000.00	17%	12750.00
合 计					¥75000.00		¥12750.00
价税合计（大写）	捌万柒仟柒佰伍拾元整			（小写） ¥87750.00			

销货单位		备注
名 称：	湘丰制造有限公司	湘丰制造有限公司 431302789022218 发票专用章
纳税人识别号：	431302789022218	
地 址、电 话：	娄底市育才路 8 号，0738-6228779	
开户行及账号：	工商银行娄底支行，1913010109024569896	

收款人：　　复核：　　开票人：陈姬　　销货单位（章）

第一联：记账联　销货方记账凭证

【业务 25-2】

中国工商银行

转账支票存根（湘）

支票号码　03250457

科　　目：________

对方科目：________

出票日期 2014年 12月 21日

收款人：	娄底湘运公司
金　额：	¥480.00
用　途：	代垫运费
备　注：	

单位主管　　　　会计

复　　核　　　　记账

【业务 25-3】

代垫费用清单（存根）

2014年 12月 21日　　　　No 0003

单位名称	长沙南泰销售公司	附送单据	1张
费用项目	运费	金额（大写）：肆佰捌拾元整	（小写）¥480.00
备　注			

【业务 25-4】

托收承付凭证（回单）

委托日期：2014年 12月 21日　　　　号码：

<table>
<tr><td rowspan="3">付款人</td><td>全　称</td><td></td><td rowspan="3">收款人</td><td>全　称</td><td colspan="12"></td></tr>
<tr><td>账　号</td><td></td><td>账　号</td><td colspan="12"></td></tr>
<tr><td>开户银行</td><td></td><td>开户银行</td><td></td><td>行号</td><td colspan="10"></td></tr>
<tr><td rowspan="2">委收金额（大写）</td><td colspan="4" rowspan="2">人民币</td><td colspan="2"></td><td>千</td><td>百</td><td>十</td><td>万</td><td>千</td><td>百</td><td>十</td><td>元</td><td>角</td><td>分</td></tr>
<tr><td colspan="2"></td><td></td><td></td><td></td><td></td><td></td><td></td><td></td><td></td><td></td><td></td></tr>
<tr><td>款项内容</td><td>货款</td><td>委托收款凭据名称</td><td colspan="2"></td><td>附寄单证张数</td><td colspan="11"></td></tr>
<tr><td colspan="3">备注</td><td colspan="14">付款人注意：1. 应于见票当日通知开户银行划款。
2. 如需拒付，应在规定期限内，将拒付理由书并附债务证明交退开户银行。</td></tr>
</table>

此联是收款人开户银行给收款人的回单

单位主管：　会计：　复核：　记账：　付款人：　开户银行盖章：　年　月　日

【业务 26】

中国工商银行存(贷)款利息清单(付账通知)

2014年 12月 22日　　　　　　　　第　　号

付款人	全　称	湘丰制造有限公司	收款人	全　称	株洲市宏达物资供应公司
	账　号	1913010109024569896		账　号	1901011009226860123
	开户银行	工商银行娄底支行		开户银行	工商银行娄底支行

人民币（大写）	百	十	万	千	百	十	元	角	分
壹仟叁佰伍拾元整			¥	1	3	5	0	0	0

票据种类	起息日期：2014年 9月 21日 止息日期：2014年 12月 20日	收款人开户行盖章 工商银行娄底支行 2014.12.21 转讫 2010年 12月 22日
备注	调整利息：0.00　　冲正利息：0.00 应付利息合计：1350.00　（已预提 950 元）	

此联是银行交付款人的付账通知

【业务 27】

中国工商银行汇票委托书（存根）

No51675370

委托日期：2014年 12月 22日

汇款人	湘丰制造有限公司			收款人	株洲市宏达物资供应公司
账号	1913010109024569896			账　号	1901011009226860123
兑付地点	娄底市	兑付行	工商银行娄底支行	汇款用途	购买材料 工商银行娄底支行 2014.12.21 转讫

汇款金额（大写）	千	百	十	万	千	百	十	元	角	分
壹万元整			¥	1	0	0	0	0	0	0
备注										

此联是银行交付款人的付账通知

财务主管：　　　　　　复核：　　　　　　经办：

科目：________　　　　对方科目：________

【业务 28】

固定资产折旧计算汇总表

2014年 12 月 24 日

部　　门	月折旧额（元）
生产车间	7800.00
行政管理部门	5040.00
合　　计	12840.00

【业务 29】

工资结算分配表

2014年 12 月 24 日　　　　单位：元

部　门	基本工资	奖　金	津　贴	应付工资
生产工人				
——A 产品	22000.00	1800.00	500.00	24300.00
——B 产品	10200.00	1500.00	800.00	12500.00
车间管理人员	2000.00	900.00	200.00	3100.00
厂部管理人员	4000.00	800.00	300.00	5100.00
销售人员	1800.00	400.00	200.00	2400.00
合　计	40000.00	5400.00	2000.00	47400.00

【业务 30】

职工教育经费、工会经费计提表

2014年 12月 24日　　　　单位：元

部　门	应付工资	职工教育经费		工会经费		合　计
		计提比例（%）	计提金额	计提比例（%）	计提金额	
生产工人						
——A 产品	24300.00	1.5		2		
——B 产品	12500.00	1.5		2		
车间管理人员	3100.00	1.5		2		
厂部管理人员	5100.00	1.5		2		
销售人员	2400.00	1.5		2		
合　计	47400.00					

【业务 31-1】

湖南省增值税专用发票

43000451025　　　　发　票　联　　　　№ 000358245

开票日期：2014 年 12 月 25 日

购货单位	名称：湘丰制造有限公司 纳税人识别号：431302789022218 地址、电话：娄底市育才路 8 号，0738-6228779 开户行及账号：工商银行娄底支行，1913010109024569896			密码区	2481—1<1—8—61594521 8<032/52>9/29533—4974 1626<8—3024>82906—2 —44—6<7>2*—/>*>3		加密版本 01 43000451025 000358245
货物或应税劳务名称	规格型号	单位	数量	单价	金额	税率	税额
甲材料		吨	6	1200.00	72000.00	17%	1224.00
合　计					¥7200.00		¥1224.00
价税合计（大写）	捌仟肆佰贰拾肆元整　　（小写）¥8424.00						
销货单位	名称：株洲市宏达物资供应公司 纳税人识别号：431103748243567 地址、电话：白云路 147 号，0733-5578963 开户行及账号：工商银行株洲市白云路支行，1901011009226860123			备注	株洲市宏达物资供应公司 发票专用章		

收款人：　　复核：　　开票人：张梅　　销货单位（章）

第三联：发票联 购货方记账凭证

【业务 31-2】

收　料　单

材料科目：材料　　　　　　　　编　　号：1210

材料类别：原料及主要材料　　　　收料仓库：1 号仓库

供应单位：　　　　　　　　　　发票号码：000358245

填制日期：2014年 12月 25日

材料编号	材料名称	规格	计量单位	数量		实际价格（元）			
				应收	实收	单价	发票金额	运费	合计
	甲材料		吨	6	6	1200.00	7200.00		7200.00
备注									

采购员：　　检验员：杨威　　记账员：张杨　　保管员：孙波

【业务 31-3】

中国工商银行银行汇票（收款通知）

082236

账号：061466385245700　　　　第　　号

出票日期（大写） 贰零壹肆 年 壹拾贰 月 贰拾贰 日							代理付款行：株洲市工商银行白云路支行 行号：410				
收款人：株洲市宏达物资供应公司　账号：1901011009226860123											
出票金额（大写）　人民币　壹万元整											
实际结算金额（大写） 人民币捌仟肆佰贰拾肆元整	千	百	十	万	千	百	十	元	角	分	
				¥	8	4	2	4	0	0	
申请人：湘丰制造有限公司 出票行：工商银行娄底支行											
行　号：410 备　注：货款 凭票付款 出票行签章	多余金额										科目（借） 对方科目（贷） 兑付日期 2014年12月25日 复核　记账
	千	百	十	万	千	百	十	元	角	分	
				¥	1	5	7	6	0	0	

此联是出票行交收款行作收款凭证

工商银行娄底支行 2014.12.25 转讫

【业务 32-1】

委电

委托收款凭证（付款通知）

委托日期：2014年 12月 25日

收到日期：2014年 12月 26日

委收号码：06213

付款日期：　年　月

付款人	全　称	湘丰制造有限公司	收款人	全　称	娄底市自来水公司									
	账　号	191301010902456989		账　号	052454678616389									
	开户银行	工商银行娄底支行		开户银行	建设银行娄底支行	行号	023							
委收金额	人民币（大写）	伍佰陆拾伍元整			千	百	十	万	千	百	十	元	角	分
									¥	5	6	5	0	0
款项内容	水费	委托收款凭证名称			附寄单证张数	1张								
备注	电划	付款人注意： 1．应于见票当日通知开户行划款。 2．如需拒付，应在规定的期限内，将拒付理由书并附债务证明退交开户行。												

工商银行娄底支行 2014.12.25 转讫

单位主管：　　会计：　　复核：　　记账：　　付款人开户行：

【业务 32-2】

湖南增值税专用发票

发 票 联

43000204848　　　　No 00017688

开票日期：2014 年 12 月 26 日

<table>
<tr><td rowspan="4">购货单位</td><td>名　　称：</td><td colspan="4">湘丰制造有限公司</td><td rowspan="4">密码区</td><td colspan="2">2489－1<9－7－61596284</td><td rowspan="4">加密版本 01
43000204848
00017688</td></tr>
<tr><td>纳税人识别号：</td><td colspan="4">431302789022218</td><td colspan="2">8<032/52>9/29533－4974</td></tr>
<tr><td>地 址、电 话：</td><td colspan="4">娄底市育才路 8 号，0738-6228779</td><td colspan="2">1626<8－3024>82906－2</td></tr>
<tr><td>开户行及账号：</td><td colspan="4">工商银行娄底支行，191301010902456989</td><td colspan="2">－47－6<7>2*－/>*>6/</td></tr>
<tr><td colspan="2">货物或应税劳务名称</td><td>规格型号</td><td>单位</td><td>数量</td><td colspan="2">单价</td><td>金　额</td><td>税率</td><td>税　额</td></tr>
<tr><td colspan="2">水</td><td></td><td>吨</td><td>500</td><td colspan="2">1.00</td><td>500.00</td><td>13%</td><td>65.00</td></tr>
<tr><td colspan="2">合　计</td><td></td><td></td><td></td><td colspan="2"></td><td>¥500.00</td><td></td><td>¥65.00</td></tr>
<tr><td colspan="2">价税合计（大写）</td><td colspan="8">伍佰陆拾伍元整　　　　（小写）¥ 565.00</td></tr>
<tr><td rowspan="4">销货单位</td><td>名　　称：</td><td colspan="4">娄底市自来水公司</td><td rowspan="4">备注</td><td colspan="3" rowspan="4">（印章：娄底市自来水公司 水费结算章）</td></tr>
<tr><td>纳税人识别号：</td><td colspan="4">430235543554895</td></tr>
<tr><td>地 址、电 话：</td><td colspan="4">娄底市建设路 87 号，0738-5238648</td></tr>
<tr><td>开户行及账号：</td><td colspan="4">建设银行娄底支行，052454678619587</td></tr>
</table>

第三联：发票联　购货方记账凭证

收款人：　　　复核：　　　开票人：王进　　　销货单位：（章）

【业务 32-3】

水费分配表

2014年 12月 26日　　　　单位：元

部　　门	分配标准(公斤)	分配率	分配金额
车间管理部门	280		280.00
行政管理部门	1200		120.00
销售部门	100		100.00
合　计	500	1.00	500.00

会计主管：　　　记账：　　　制表：张杨

【业务33-1】

中国工商银行进账单（收账通知）

01321450

填制日期：2014年 12月 27日

付款人	全　称	娄底市方泰有限公司	收款人	全　称	湘丰制造有限公司
	账　号	1913010109045762145		账　号	191301010902456989
	开户银行	工商银行娄底支行		开户银行	工商银行娄底支行
人民币（大写）	壹万壹仟柒佰元整			千百十万千百十元角分	¥1170000
票据种类	转账支票			收款人开户行盖章　年　月　日	

工商银行娄底支行 2014.12.27 转讫

此联是收款人开户行交收款人的收账通知

【业务33-2】

湖南省增值税专用发票

记账联

43000452069　　此联不作报销、扣税凭证使用　　No 00069787

开票日期：2014年12月27日

购货单位	名称：娄底市方泰有限公司 纳税人识别号：431302451214850 地址、电话：娄底市育才路 开户行及账号：工商银行娄底支行，1913010109045762145			密码区	2489—1<9—7—61596284 8<032/52>9/29533—4974 1626<8—3024>82906—2 —47—6<7>2*—/>*>6	加密版本01 43000452069 00069787	
货物或应税劳务名称	规格型号	单位	数量	单价	金额	税率	税额
乙材料		吨	10	1000.00	10000.00	17%	1700.00
合　计					¥10000.00		¥1700.00
价税合计（大写）	壹万壹仟柒佰元整				（小写）¥11700.00		
销货单位	名称：湘丰制造有限公司 纳税人识别号：431302789022218 地址、电话：娄底市育才路8号，0738-6228779 开户行及账号：工商银行娄底支行，1913010109024569896			备注	湘丰制造有限公司 431302789022218 发票专用章		

收款人：　　复核：　　开票人：陈姬　　销货单位（章）

第一联：记账联　销货方记账凭证

【业务34】

存货盘点盈亏报告单

2014年 12月 28日

仓库：二仓库　　　　单位：元

存货编号	存货名称	计量单位	数量		单价	盘盈		盘亏		盘盈、盘亏原因及处理意见
			账存	实存		数量	金额	数量	金额	
	包装袋	千克	8520	8000	0.50			520	260.00	保管员过失造成，由其赔偿200元

会计主管：　　　　记账：　　　　制表：

【业务35】

产品销售成本计算表

2014年 12月 30日　　　　单位：元

产品名称	计量单位	销售数量	单位产品成本	销售成本
乙材料	吨	10	800	8000
合　计	吨	10	800	8000

会计主管：　　　　记账：　　　　制表：张扬

【业务36】

制造费用分配表

2014年 12月 30日　　　　单位：元

分配对象	分配标准（工资）	分配率	分配金额
A产品	24300		
B产品	12500		
合　计	36800		

会计主管：　　　　记账：　　　　制表：

【业务37】

完工产品成本计算单

2014年12月30日　　　　单位：元

成本项目	A产品（85件）		B产品（120件）	
	总成本	单位成本	总成本	单位成本
直接材料				
直接人工				
制造费用				
合　计				

会计主管：　　　　记账：　　　　制表：

【业务38】

产品销售成本计算表

2014年12月30日　　　　单位：元

产品名称	计量单位	销售数量	单位产品成本	销售成本
A产品	件			
B产品	件			
合　计				

会计主管：　　　　记账：　　　　制表：

【业务39】

应交税费及附加计算表

2014年12月30日　　　　单位：元

税目、税种	计税依据		适用税率	应交金额	备注
	项目	金额			
城建税	应交增值税		7%		
教育费附加	应交增值税		4.5%		

会计主管：　　　　记账：　　　　制表：

【业务40】

所得税费用计算表（假定无纳税调整项目）

2014年12月31日　　　　单位：元

税前利润	调整金额	应纳税所得	所得税率	所得税

【业务 41】

损益类账户发生额汇总表

2014年 12月 31日　　　　单位：元

项　　目	金　　额
主营业务收入	
其他业务收入	
主营业务成本	
营业税金及附加	
其他业务成本	
管理费用	
销售费用	
财务费用	
所得税费用	

【业务 42】12 月 31 日，结转本年利润至利润分配。

【业务 43】

利润分配表

2014年 12月 31日　　　　单位：元

项　目	净 利 润	比　例	金　额
提取法定盈余公积		10%	
分配投资利润		20%	
合　计			

任务要求

1. 分析经济业务的性质与内容。
2. 以“制单会计”的身份逐笔编制专用记账凭证。
3. 以“会计主管”的身份对已编制的专用记账凭证进行审核。
4. 传递专用记账凭证。

任务二　填制与审核通用记账凭证

任务描述

通用记账凭证是用来反映所有经济业务的记账凭证。通用记账凭证可以分为单式或复式记账凭证和单一记账凭证、汇总记账凭证和科目汇总表。本任务要求学生掌握通用记账凭证的填制方法与审核技术。

任务指导

通用记账凭证的格式与转账凭证的格式相同，其编制方法也相同。企业发生的经济业务都编制这种凭证。为了便于记账分工，也可以将收款业务、付款业务和转账业务所编制的通用记账凭证在凭证编号中分类编号。即先按编制通用记账凭证的时间顺序编一个总号，然后，再按通用记账凭证所记录的经济业务分别编“收字”、“付字”、“转字”编号 。这样既能了解当月所填的凭证总数，又能将记录收款、付款、转账凭证业务的凭证加以区分。通用记账凭证的审核和专用记账凭证的审核内容与方法相同。

任务资料

见本项目任务一“专用记账凭证的填制要求和程序”的实训资料。

任务要求

1. 分析经济业务的性质与内容。
2. 以“制单会计”的身份逐笔编制通用记账凭证。
3. 以“会计主管”的身份对已编制的通用记账凭证进行审核。
4. 传递通用记账凭证。

项目四　账簿登记实训

实训综述

会计账簿是以会计凭证为依据，由具有专门格式又相互联系的账页组成，用来连续、系统、全面地记录和反映各项经济业务的簿籍。设置和登记会计账簿是会计核算的方法之一。设置账簿既要有严密性和完整性，又要有适用性和可操作性；因此账簿设置既要避免重复烦琐，又要防止过于简化。一般常用的账簿有：日记账、总分类账、明细分类账及其他辅助性账簿。通过实训，使学生能按照《会计基础工作规范》的要求和单位的具体情况开设、登记账簿，进行对账与结账，进行错账的更正，掌握账簿开设、登记、对账、结账、错账更正的基本技能。

实训指导

（1）记账必须用蓝、黑墨水钢笔书写，不许用铅笔和圆珠笔书写。

（2）记账除结账、改错、冲销账簿记录外，不能用红色墨水书写。

（3）记账要按规定的更正错账方法更正错账，严禁刮擦、挖补、涂改或用涂改液消除字迹。

（4）记账时应按账户页次顺序逐页进行登记，不得跳行、隔页。如果发生跳行、隔页时应在空行、空页处用红色墨水笔画线注销，在“摘要”栏注明“此行空白”或“此页空白”字样，并由注销人签章。

（5）各账户在一张账页记满时，要在该账页的最末一行加计发生额合计数和结出余额，并在该行“摘要”栏注明“过次页”字样；然后再把这个发生额合计数和余额填到下一页的第一行内，并在“摘要”栏注明“承前页”字样，以保证账簿记录的连续性。

（6）记账后，要在记账凭证上画“√”，表示已经登记入账，避免重记、漏记。

（7）期末有余额的账户，应在账簿的“借”或“贷”栏内写明“借”或“贷”字样；没有余额的账户，应在“借”或“贷”栏内写“平”字，并在“余额”栏的“元”位上用“0”表示。

（8）记账时，书写文字和数码字要符合规范，数码字要紧压下线书写，倾斜 45°，一般占空格宽度的 1/2 为宜。

任务一　建账

任务描述

建账就是根据主体企业具体行业要求和将来可能发生的会计业务情况，按照《企业会计准则》设置会计科目，购置并开设总分类账、明细分类账、日记账，并根据账簿的启用要求，填写扉页的内容，进行期初资料的登记。本任务要求学生掌握企业建账的方法和技能。

任务指导

1．填写账簿启用日期表与账簿经管人员一览表

在每本预印好格式的账本的第一页，均印有这些表格。表中的一些栏目在启用时填写，另一些栏目在经管人员交接或账簿更换之前填写。启用时一般需填写单位名称、账簿名称及编号、启用日期、经管人姓名。订本账（总分类账簿及序时账簿）还需填写总页数及起止页码。实训时，这一程序不可略去。

2．开设账户

会计主体共设几本账簿、每一账簿中开设哪些账户因其会计人员数量、人员分工情况、习惯等不同而不同，没有固定的模式。在此套资料实训中，可设总账、现金日记账、银行存款日记账。设哪几本账簿、各设哪些账户确定后，即可开设账户。

在账簿的第一页账页的上方填写该本账第一个账户名称及其他有关栏目（一级科目、二级或明细科目、计量单位、仓储地点、生产车间等，不同格式的账页所需填写的内容不完全相同），在该页账第一行日期栏中登记建账日期或期初日期，在摘要栏中写“上年结转”或“月初余额”字样，将账户余额抄录至账页第一行余额栏中（金额、余额方向均应抄录），第一个账户就开设完毕了。第二个账户从哪一页开始开设，取决于会计核算形式及前一个账户发生业务的多少等，应预留使预期的业务可以全部记录完毕的一定数量的账页，这样既不会出现预期会计期间内的业务记录不完整，也不会出现太多空页，造成浪费现象。活页账和卡片账均可以插入账页，所以可以随便预留几页账页，需要时插入新账页，也可以取出多余的空页。接下来，再开设第二个账户、第三个账户……

3．粘贴口取纸

口取纸并非必需，但它可以帮助会计人员迅速找到某一账户在账簿中的位置。口取纸通常分红、蓝两种颜色，会计人员根据习惯赋予其一定的意义。例如：红色表示资产类、成本类账户，蓝色表示负债类及所有者权益类账户；红色表示收入类账户，蓝色表示费用、损失类账户；红色表示一级账户，蓝色表示二级账户；等等。当然，也可以只使用一种颜色的口取纸，甚至不使用。使用口取纸应注意粘贴方法，首先将会计科目名称写在口取纸上，等墨迹干了之后，将它揭下，粘贴至该账户的第一张账页右侧；每张口取纸所粘贴的位置不同，有的靠上，有的靠下，从上到下，使其形成规则的锯齿形为最佳。这样，既整洁美观，又一目了然，便于查找。口取纸虽有查找的作用，但它不能取代账页上方的账户名称；否则，口取纸一旦掉落，会给工作带来不便。

4．填写目录或账皮

通常，总账需填写目录，明细账需在账皮卡片上填写账簿中所开设账户的名称，其目的都为了使用方便。

建账工作可按上面所介绍的顺序进行，也可依习惯进行。

任务资料

湘丰制造有限公司 2014 年 11 月 30 日部分总账账户的余额见表 4-1 至表 4-4。

表 4-1　2014 年 11 月 30 日各账户余额表

单位：元

账户名称		借方金额		贷方金额	
总　账	明细账	总　账	明细账	总　账	明细账
库存现金		3000			
银行存款		493000			
其他货币资金		12500			
交易性金融资产		100000			
应收账款		59700			
应收账款	娄底市八一材料厂		25000		
应收账款	向阳物资有限公司		34700		
预付账款		15200			
其他应收款		1800			
其他应收款	王平		800		
其他应收款	周清		1000		
坏账准备				2985	
原材料		324000			
原材料	甲材料		244000		
原材料	乙材料		80000		
周转材料		31500			
库存商品		212400			
库存商品	A 产品		144000		
库存商品	B 产品		68400		
持有至到期投资		300000			
固定资产		2530000			
累计折旧				585000	
短期借款				80000	
应付账款				100000	
应付账款	光明物资供应公司				54000
应付账款	湘潭新华材料厂				46000
预收账款				14500	
应付职工薪酬				51200	
应交税费				66500	

续表

账户名称		借方金额		贷方金额	
总　账	明细账	总　账	明细账	总　账	明细账
应交税费	应交增值税				40000
应交税费	城市维护建设税				2800
应交税费	应交所得税				22500
应交税费	教育费附加				1200
其他应付款				530	
其他应付款	工会				530
应付利息				950	
长期借款				600000	
实收资本				1597200	
资本公积				396900	
盈余公积				321780	
盈余公积	法定盈余公积				321780
利润分配				40483	
本年利润				225072	
合计		4083100		4083100	

表 4-2　原材料明细账期末余额资料

明细账户	数量（吨）	单价（元）	金额（元）
甲材料	200	1220	244000
乙材料	100	800	80000

表 4-3　库存商品明细账期末余额资料

明细账户	数量（件）	单价（元）	金额（元）
A 产品	160	900	144000
B 产品	180	380	68400

表 4-4　各损益账户发生额（未结转利润前）

单元：元

账户名称	1～11 月累计发生额	
	借方累计发生额	贷方累计发生额
主营业务收入		977842
其他业务收入		38200
投资收益		101600
营业外收入		34000
主营业务成本	585000	

续表

账户名称	1～11月累计发生额	
	借方累计发生额	贷方累计发生额
营业税金及附加	38600	
其他业务成本	19200	
销售费用	42150	
管理费用	106000	
财务费用	48200	
营业外支出	5000	
所得税费用	82420	

任务要求

1．以“记账会计”的身份，根据表4-1至表4-4的资料开设账户，建立总账、明细账、日记账。

2．填写账簿启用表和经管人员一览表。

3．粘贴口取纸。

4．填写目录或账皮。

5．登记期初余额。

任务二　登记日记账

任务描述

日记账包括现金日记账和银行存款日记账，是出纳员用以记录和反映货币资金收支业务的账簿。本任务要求学生能根据相关的凭证逐笔顺序登记现金日记账和银行存款日记账，并能日清月结。

任务指导

日记账主要有现金日记账和银行存款日记账两种。现金日记账是由出纳人员根据审核无误的现金收款凭证和付款凭证，逐日、逐笔、序时登记的账簿。任何一个单位，只要有库存现金的收、付业务，就必须设置现金日记账。现金日记账按库存现金币种设置，采用订本账，账页一般是三栏式，也可用多栏式。银行存款日记账是由出纳人员根据审核无误的银行存款收、付款凭证，逐日、逐笔、序时登记的账簿。凡是在银行开设账户，办理结算业务的单位，都应设置银行存款日记账。银行存款日记账按不同开户银行和存款币种设置，采用订本式账簿，账页格式一般采用三栏式，也可采用多栏式。

1．现金日记账登记指导

必须根据审核无误的现金收付款凭证登记。对于从银行提取现金的经济业务，根据银行付款凭证登记。

（1）日期栏。与记账凭证日期一致，记账凭证日期要与现金实际收付日期一致。

（2）凭证字号栏。根据据以记账的记账凭证种类及编号登记。

（3）摘要栏。简要说明入账经济业务的内容。

（4）对方科目栏。指与现金对应的会计科目。

（5）收入栏。根据现金收款凭证登记；从银行提现的业务，根据银行存款付款凭证登记。

（6）支出栏。根据现金付款凭证登记。

登记现金日记账要做到日清日结，每天结出当日收入和付出发生额合计（当日只有一笔业务可以不结），每天结出余额，并且与库存现金核对相符。

2. 银行存款日记账登记指导

必须根据审核无误的银行存款收付凭证登记。对于将现金存入银行的业务，根据现金付款凭证登记。

银行存款日记账的登记方法与现金日记账的登记方法基本相同，但账页中增加了“结算凭证种类与号数”栏，用以登记使银行存款增加或减少的结算方式，以便于日后同银行对账单核对。

任务资料

见项目三任务一编制的专用记账凭证和任务二编制的通用记账凭证资料。

任务要求

以“出纳”的身份，根据项目三任务一编制的专用记账凭证和任务二编制的通用记账凭证逐笔登记现金日记账和银行存款日记账。

任务三 登记明细分类账

任务描述

明细分类账是根据企业会计业务的具体情况、企业自身管理的要求、外界对企业信息的需求来设置的。明细分类账常用的格式有三栏式、多栏式、数量金额式等。本任务要求学生掌握明细账的登记方法与技能。

任务指导

三栏式明细账由借方栏、贷方栏、余额栏组成，适用于只需进行金额核算的明细账；数量金额式明细账由收入栏、发出栏、结存栏组成，每栏再分设数量、单价、金额三栏，主要适用于既要进行金额明细核算，又要进行数量明细核算的各种实物存货账户；多栏式明细账在同一账页的借方或贷方分设专栏，主要根据经济业务的特点和经营管理的需要来设置。登记时要根据本单位经济业务的繁简和经营管理上的需求来确定。日常根据原始凭证、原始凭证汇总表及记账凭证登记各种明细分类账。

任务资料

见项目三任务一编制的专用记账凭证和任务二编制的通用记账凭证及所附的原始凭证资料。

任务要求

以“计账会计”的身份，根据项目三任务一编制的专用记账凭证和任务二编制的通用记账凭证及所附的原始凭证逐笔登记明细分类账。

任务四　登记总分类账

任务描述

总分类账简称为总账，是根据总分类科目开设，用以记录全部经济业务总括核算资料的分类账簿。在总分类账中，应按照会计科目的编号顺序分别开设账户。由于总分类账一般采用订本式账簿，页次固定，不能随时增添账页，也不能任意撕掉账页，因而在启用时应根据各科目发生业务的多少适当估计预留页数。本任务要求学生掌握总分类账的登记方法与技能。

任务指导

总分类账可以直接根据各种记账凭证逐笔登记，也可以通过一定的汇总方法，把各种记账凭证进行汇总，编制汇总记账凭证或科目汇总表，再据以登记。

采用记账凭证核算程序登记总账时，其登记方法与登记日记账、明细账的方法相同。若采用科目汇总表核算程序，就根据科目汇总表登记总账。其中“年、月、日”栏和“凭证号数”栏，是根据汇总表的编制时间、编号进行登记，由于是汇总登记，一般“摘要”栏可填“××号至××号凭证汇总数”。根据科目汇总表金额栏内的金额 ，登记“借方”、“贷方”金额，并结出余额。月终，要结出各账户的余额，有些账户还要结出本期发生额和累计发生额，作为编制会计报表的主要依据。

任务资料

见项目三任务一编制的专用记账凭证和任务二编制的通用记账凭证资料。

任务要求

以“会计主管”的身份根据项目三任务一编制的专用记账凭证和任务二编制的通用记账凭证，按照记账凭证账务处理程序逐笔登记总分类账。

任务五　对账与结账

任务描述

对账是指在会计核算中，对账簿记录所进行的核对工作，以保证账证相符、账账相符、账实相符、账表相符；结账就是在把一定时期内所发生的经济业务全部登记入账的基础上，将各种账簿的记录结算清楚，包括结算各种收入、费用账户，并据以计算确定本期利润；结算各资产、负债和所有者权益账户，分别结出本期发生额合计和余额。本任务要求学生掌握对账和结账的操作技能。

任务指导

（一）对账

为了保证账簿所提供的会计资料正确、真实、可靠，会计人员在记完账后，还应定期做好对账工作，对账就是核对账目。各单位应当定期将会计账簿记录的有关数字与库存实物、货币资金、有价证券、对方单位或个人等相互核对，保证账证相符、账账相符、账实相符。对账工作每月至少进行一次。对账的主要内容有账证核对、账账核对、账实核对。

（1）账证核对。将账簿记录与会计凭证核对，这是保证账账相符、账实相符的基础。账证核对工作，平常是通过编制凭证和记账中的“复核”环节进行的，核对会计账簿记录与原始凭证，记账凭证的时间、凭证字号、内容、金额是否一致，记账方向是否相符。

（2）账账核对。核对不同会计账簿记录是否相符，包括总账有关账户的余额核对，总账与明细账核对，总账与日记账核对，会计部门的财产物资明细账与财产物资保管和使用部门的有关明细账核对等。

（3）账实核对。核对会计账簿记录与财产等实有数额是否相符，包括现金日记账账面余额与现金实际库存数核对，银行存款日记账账面余额与银行对账单核对，各种财物明细账账面余额与财物实存数核对，各种应收、应付款明细账账面余额与对方有关债务、债权核对等。

（二）结账

结账是指在将一定时期内发生的全部经济业务登记入账的基础上，计算并记录本期发生额和期末余额。结账应在月末、季末、年末进行。

此外，企业因撤销、合并、分立等原因而办理财务交接时，也需要办理结账。

结账程序及方法如下所述。

1. 结账程序

（1）结账前，检查本期内日常发生的经济业务是否已全部登记入账，若发现漏账、错账，应及时补记更正。

（2）根据权责发生制的要求，调整有关账项，合理确定本期应计的收入和应计的费用。

（3）将损益类科目转入“本年利润”科目，结平所有损益类科目。

（4）进行账项调整和结账之后，计算每个账户的期末余额；对于需要结计本期发生额的账户还需计算出本期发生额，并做出相应的结账标记。

2. 结账方法

（1）月结。月份终了时，要进行月末结账。对于不需要结计月份发生额的账户，如固定资产、原材料、应收账款、应付账款、实收资本等账户，只需在最后一笔记录下面画一条通栏单红线即可，以和下月发生额相区别。对于需要结计月份发生额的账户，应在各账户本月最后一笔业务记录的数字下端画一条通栏单红线，用蓝字结算出本月发生额和月末余额，并在摘要栏内填写“本月发生额及余额”或“本月合计”字样；月末如无余额，应在“借或贷”栏内写“平”，在余额栏“元”位写“0”，然后在下面画一条通栏单红线，以便区分本月业务和下月业务。对于需要逐月结算本年累计发生额的账户，在结算本月发生额及月末余额后，应在下一行摘要栏内填写“本年累计发生额”或“本年累计”字样，然后在下面画一条通栏单红线。对本月未发生金额变化的账户，可不进行月结。

（2）季结。季度终了，在最后一个月月结数字的红线下面的一行将本季度三个月的借、贷方月结数加总，用蓝字填入，并在摘要栏内填写“本季发生额和季末余额”或“本季累计”字样，同时在季结数字下面画一条红线。

③ 年结。年终结账时进行年结。在第四季度季结的红线下面一行填列四个季度的借、贷方的总结数或合计数，并在摘要栏内注明“本年发生额及年末余额”或“本年累计”字样，然后在年结记录下端画两条平行的红线，表示封账，说明全年的经济业务记录完毕。

年度结账后，应将各有关账户的年末余额结转下年度，归入新的账簿。

（三）账簿启用与更换新账

账簿启用时，应在账簿扉页上设置“账簿启用表”，详细填写启用表上各项内容。订本式账簿在启用前，从第一页至最后一页顺序编定页数，不得跳页、缺号。活页式账簿所使用的账页，应按账户顺序编号，定期装订成册；装订后，再按实际使用账页顺序编定页数和目录，注明每个账户的名称和页次。

年度终了后，应将全部账户的余额结转至下年度新账簿的相应账户中去。结转时，应在上年度账户最后一笔记录的下一行的“摘要”栏中，注明“结转下年”字样，并将各账户的年末余额按反方向记入各该账户的发生额栏中，将账户余额全部结平。

下一年度新开账户的第一行，填写的日期是1月1日，摘要栏注明“上年结转”字样；同时将上年结转余额记入“余额”栏，并标明余额方向。

任务要求

以“会计主管”的身份完成以下工作。

1．根据项目三实训资料检查所有的记账凭证是否都已登记入账，如果有漏记的要补记。

2．检查每月月末的记账凭证，确认该调整和结转的账页是否都已调整和结转完毕。

3．计算各总分类账户的本月发生额和月末余额，并做出月结和年结的标志。

4．将本项目所登记的日记账、明细账分别与本项目所登记的总账进行核对，并填列“总分类账户本期发生额及余额核对表”（见表4-5）。

表4-5 总分类账户本期发生额及余额核对表

年 月 日　　　　单位：元

会计科目	本期发生额		期末余额		会计科目	本期发生额		期末余额	
	借 方	贷 方	借 方	贷 方		借 方	贷 方	借 方	贷 方
库存现金					利润分配				
银行存款					实收资本				
应收账款					资本公积				
其他应收款					盈余公积				
材料采购					本年利润				
原材料					生产成本				
周转材料					制造费用				
库存商品					主营业务收入				
长期股权投资					主营业务成本				
固定资产					销售费用				
累计折旧					管理费用				

续表

会计科目	本期发生额		期末余额		会计科目	本期发生额		期末余额	
	借方	贷方	借方	贷方		借方	贷方	借方	贷方
短期借款					财务费用				
应付账款					其他业务收入				
其他应付款					其他业务成本				
应付职工薪酬					营业外收入				
应交税费					营业外支出				
长期借款					所得税费用				
合计									

任务六　更正错账

任务描述

账簿是重要的经济档案，记账要正确清楚，万一发生了记账错误，应视其具体情况，按规定方法更正。错账更正的方法一般有划线更正法、红字更正法、补充登记法三种。

通过实训，使学生掌握更正错账的方法与技能。具体要做到如下几点。

（1）掌握划线更正法的适用范围与操作技能。

（2）掌握红字更正法的适用范围与操作技能。

（3）掌握补充登记法的适用范围与操作技能。

任务指导

1. 划线更正法

在填制凭证、登记账簿过程中，如果发现文字或数字记错时可采用划线更正法进行更正。划线更正时，应在写错的文字或数字上画一条单红线，使原来的错误字迹仍可辨认，然后在画线上方填写正确的记录。注意：在画线时如果是文字错误，可只划掉错误部分；但如果是数字错误，应将全部数字划掉，不得只划掉错误数字。例如，将数字8790错写为9790，不能只将9划掉改为8，而应当将9790全数划掉更正为8790；更正后，更正人员应在画线的一端盖章，以示负责。

2. 红字更正法

红字更正法适用于更正因记账凭证填制错误而导致的账簿记录错误。具体来说，又分为以下两种情况。

（1）记账以后，发现记账凭证中会计科目错误，导致账簿记录错误，应当采用红字更正法。这时，红字更正法的具体做法是：先用红字金额填制一张与原错误凭证内容相同的记账凭证，在摘要栏注明“注销某月某日某字号凭证”字样，据以用红字金额登记入账，冲销原有的错误记录；同时，再用蓝字填制一张正确的记账凭证，在摘要栏注明“订正某月某日某字号凭证”字样，据以登记入账，这样就把原来的差错更正过来了。应用红字更正法是为了正确反映账簿中的发生额和科目对应关系。

（2）记账以后，发现记账凭证中应借应贷科目正确，但所填金额大于应填金额，导致账簿记录错误，应采用红字更正法。这时，红字更正法的具体做法为：按照正确数字与错误数字的差额（即多填金额），用红字金额填写一张调整后的记账凭证，在摘要栏注明“注销某月某日某字号凭证多记金额”字样，据以用红字金额登记入账，用以冲销多记金额。

3. 补充登记法

记账以后，发现记账凭证中应借应贷的会计科目正确，但所填金额小于应填金额，导致账簿记录错误，应当采用补充登记法。补充登记法的具体做法是：按照正确数字与错误数字的差额（即少记金额），用蓝字填写一张调整后的记账凭证，在摘要栏注明“补充×月×日×字号凭证少记金额”字样，据以登记入账，用以补充少记金额。

任务资料

（一）湘丰制造有限公司2014年11月上旬部分银行存款收支业务的原始凭证及记账凭证

1．11月5日，以银行存款支付书籍费1 350元。

【业务1-1】

付款凭证

贷方科目：银行存款　　2014年 11月 5日　　银付字第 1 号

摘要	借方科目		金额									记账
	总账科目	明细科目	百	十	万	千	百	十	元	角	分	
支付书籍费	管理费用					1	3	5	0	0	0	
合计					¥	1	3	5	0	0	0	

附件 2 张

会计主管：　　记账：　　出纳：　　审核：　　制单：李小丽

【业务1-2】

娄底市新华书店专用发票

（印章：湖南 国家税务总局监制）

№0876681

购书单位：湘丰制造有限公司　　2014年 11月 5日　　单位：本，元

类别	数量	金额	类别	数量	金额	收讫章
哲学社会科学						
文化、教育	70	350.00				娄底市新华书店 业务章
文学、艺术						
自然科学技术	100	1000.00				
实收人民币（大写）：壹仟叁佰伍拾元整　（小写）¥ 1350.00						

第二联：报销凭证

复核：　　填票：　　收款：肖江

【业务 1-3】

中国工商银行

转账支票存根（湘）

支票号码　2834561

科　　目：

对方科目：

出票日期 2014年 11月 5日

收款人：	娄底市新华书店
金　额：	¥1350.00
用　途：	书籍费
备　注：	

单位主管　　会计

复　　核　　记账

2．11 月 6 日，开出转账支票支付汽车日常修理费 3 820 元。

【业务 2-1】

付 款 凭 证

贷方科目：银行存款　　2014年 11月 6日　　银付字第 2号

摘要	借方科目		金额									记账
	总账科目	明细科目	百	十	万	千	百	十	元	角	分	
支付修理费	制造费用					3	8	2	0	0	0	
合　　计					¥	3	8	2	0	0	0	

附件 2 张

会计主管：　　记账：　　出纳：　　审核：　　制单：李小丽

【业务 2-2】

机动车维修业统一发票

全国统一发票监制章 国家税务总局监制

车属单位：湘丰制造有限公司　　2014年 11月 6日　　№087421

工作单号	A－10	类别		厂牌型号	桑塔纳轿车	入厂　年　月　日
修理类别		车牌号	0688	送修人		入厂　年　月　日
总工时	小时					金　额

附凭证	张数	结项	百	十	万	千	百	十	元	角	分
材料明细表							2	3	0	0	0
工时票						3	4	9	0	0	0
其　他							1	0	0	0	0
合计金额（大写）：叁仟捌佰贰拾元整		大华汽车修理公司 业务专用章			¥	3	8	2	0	0	0

业务部门：　　收款：　　制单：

【业务 2-3】

中国工商银行

转账支票存根（湘）

支票号码　2834562

科　　目：________

对方科目：________

出票日期 2014年 11月 6日

收款人：大华汽车修理公司
金　额：¥3820.00
用　途：修理费
备　注：

单位主管　　会计

复　　核　　记账

3．11 月 7 日，开出现金支票提取现金 600 元。

【业务 3-1】

付款凭证

贷方科目：银行存款　　　　2014年 11月 7日　　　　银付字第 3号

摘要	借方科目		金额									记账
	总账科目	明细科目	百	十	万	千	百	十	元	角	分	
从银行提现金备用	库存现金					¥	6	0	0	0	0	
合　计						¥	6	0	0	0	0	

附单据 1 张

会计主管：　　记账：　　出纳：　　审核：　　制单：李小丽

【业务 3-2】

中国工商银行

现金支票存根（湘）

支票号码 0234122

科　　目：________

对方科目：________

出票日期 2014年 11月 7日

收款人：	本单位
金　额：	¥600.00
用　途：	备　用
备　注：	

单位主管　　　会计

复　　核　　　记账

4．11 月 10 日用转账支票购买办公用品花费 486 元。

【业务 4-1】

付 款 凭 证

贷方科目：银行存款　　　　2014年 11月 10日　　　　银付字第 4号

摘　　要	借方科目		金额								
	总账科目	明细科目	百	十	万	千	百	十	元	角	分
支付办公用品费	管理费用	办公费					4	8	6	0	0
合　　计						¥	4	8	6	0	0

附单据 1 张

会计主管：　　记账：　　出纳：　　审核：　　制单：李小丽

【业务 4-2】

湖南省娄底市娄星区货物销售发票

发票联

2501030472　　　　№9735612

客户：湘丰制造有限公司　　　　2014年 11月 9 日　　　　地址：

货号	品　　名	规格	单位	数量	单价	超过十万元无效	金额								
							百	十	万	千	百	十	元	角	分
	办公纸										2	0	0	0	0
	笔											8	6	0	0
	其他										2	0	0	0	0
合计金额（大写）：人民币　肆 佰 捌 拾 陆 元 整										¥	4	8	6	0	0

第二联：报销凭证

娄底商业广场
业务专用章

开票人：　　收款人：　　验收人：　　销货单位章（未盖章无效）

【业务 4-3】

中国工商银行

转账支票存根（湘）

支票号码　2834563

科　　目：________

对方科目：________

出票日期 2014年 11月 10日

收款人：	本单位
金　额：	¥486.00
用　途：	办公费
备　注：	

单位主管　　　　会计

复　　核　　　　记账

（二）湘丰制造有限公司 2014 年 11 月上旬的“银行存款日记账”

【业务 1】

银行存款日记账

2014年		记账凭证		摘要	对方科目	借方									贷方									√	余额								
月	日	字	号			百	十	万	千	百	十	元	角	分	百	十	万	千	百	十	元	角	分		百	十	万	千	百	十	元	角	分
11	1			期初余额																							9	6	8	0	1	7	9
	5	付	1	支付书籍费	管理费用													1	3	5	0	0	0										
	6	付	2	支付维修费	管理费用													3	2	8	0	0	0										
	7	付	3	提取现金	库存现金													6	0	0	0	0	0										
	10	付	4	购办公用品	管理费用														4	6	8	0	0										

任务要求

以“会计主管”和“制单会计”的身份完成以下工作。

1. 查找实训资料中的错误之处，并判断错误的性质（是方向、金额还是科目错误）。
2. 将查找出的错误运用适当的方法更正。
3. 对更正错误后的账户结账。

项目五　财产清查实训

实训综述

财产清查是指从具体盘点实物、账实核对、提出处理意见到账务调整的全过程。通过实训，使学生掌握实物资产清查的方法和对实物资产清查结果的账务处理技能。

实训指导

清查前，做好组织准备工作，包括财会部门和实物保管部门的组织准备工作。清查中能根据财产物资的种类、用途、性能、存放方式，采取不同的清查方法，如实地盘点法、抽样盘点法、核对账单法、查询法等。清查后，做好财产清查的总结工作和账务的调整工作。

任务一　清查实物

任务描述

实物清查就是通过对实物的实地盘点来确定财产物资的实存数，并查明账面结存数与实存数是否相符的一种专门方法。本任务要求学生掌握实物清查的方法和对清查结果的账务处理技能。

任务指导

实物清查的方法主要有实地盘点法、技术推算法等。清查完毕后，要把清查的结果填入“盘存单”。将“盘存单”上的实存数与账面结存数进行核对，对于账实不符的实物要填制“账存实存对比表”，并报告领导及财会部门。财会人员再根据“账存实存对比表”进行账务处理。

任务资料

1．湘丰制造有限公司 2014 年 12 月末进行财产清查，发现下列账实不符的情况。

（1）发现盘亏 BX-1 型电动机 1 台，账面原值 20 000 元，已提折旧 15 000 元。

（2）甲材料实存 200 吨，账存 201 吨，单位成本 1 220 元。

（3）乙材料实存 100 吨，账存 99.5 吨，单位成本 800 元。

（4）A 产品实存 160 件，账存 162 件，单位成本 900 元。

2．上述清查结果的批复处理意见如下。

（1）盘亏的 BX-1 型电动机，经批准，作为营业外支出处理。

（2）盘亏的甲材料系管理不善造成，作为管理费用处理。

（3）盘盈乙材料系计量差错造成，冲减管理费用。

（4）盘亏的A产品系保管员失职造成，责成保管员赔偿。

实训要求

1．以“会计主管”身份根据资料中的清查结果填制“盘存单”（见表5-1）和“实存账存对比表”（见表5-2）。

2．以“制单会计”身份根据上述资料编制固定资产盘盈盘亏报告单（见表5-3）。

表5-1 盘 存 单

单位名称： 盘点时间： 编 号：
财产类别： 存放地点： 金额单位：

编号	名称	规格	计量单位	数量	单价	金额	备注

盘点人（签章） 实物保管人：刘鸣

表5-2 实存账存对比表

年 月 日 金额单位：

编号	名称	实存		账存		盘盈		盘亏		备注
		数量	金额	数量	金额	数量	金额	数量	金额	
处理意见	甲、乙材料列入管理费用，A产品缺失由保管员赔偿。朱一凡									

主管： 会计： 制表：

表5-3 固定资产盘盈盘亏报告单

年 月 日

名称	型号	单位	盘盈			盘亏			原因	备注
			数量	市场价格	价值损耗	数量	原值	已提折旧	失盗	厂办用
处理意见	列作营业外支出。朱一凡									

主管： 会计： 制表： 保管员：刘鸣

任务二　清查现金

任务描述

现金清查，就是通过实地盘点的方法，确定库存现金的实存数，再与现金日记账的账面余额核对，以查明现金长、短款情况。本任务要求学生掌握现金清查的方法和对清查结果的账务处理技能。

任务指导

在进行现金清查前，出纳员应将有关现金收入、付出凭证全部登记入账，并结出余额。清查时，出纳员必须到场，由清查人员清点库存现金的实存数，并根据清查结果填制“现金盘点报告单”（见表 5-4）。

任务资料

12 月 30 日，通过实地盘点的方法，对库存现金进行了清查，其现金实存数为 2650 元。经核对，现金日记账账面余额为 2730 元。现金清查中的短款，经领导批准，由出纳员赔偿。现金清查中的长款，如为无法查明原因的，经批准转入营业外收入。

实训要求

1. 以“会计主管”身份填写现金盘点报告表。
2. 以“制单会计”身份根据现金盘点报告表进行领导批准前后的账务处理。

表 5-4　现金盘点报告单

单位名称：　　　　　　　　　　年　　月　　日　　　　　　　　单位：

实存金额	账存金额	实存与账存对比		审批意见：出纳员承担 60%，本单位承担 40%。朱一凡
		盘盈	盘亏	

盘点人：　　　　　　　　出纳员：　　　　　　　　制表：

任务三　清查银行存款

任务描述

银行存款清查，是采用与开户银行核对账目的方法进行的，即将本单位的银行存款日记账与开户银行转来的对账单逐笔进行核对，以确定双方账目是否相符。本任务要求学生掌握银行存款清查的方法，即掌握银行存款日记账与银行对账单的核对方法和“银行存款余额调节表”的编制方法。

任务指导

核对时，不仅要核对金额，最重要的是要核对结算凭证的种类、号码。对于核对相符的业务记录要用铅笔在双方的账目上打“√”，做出核对相符的标记。如果核对的结果是双方账目的记录完全相符，那么，银行存款的清查结束；如果核对发现了未达账项，就要编制“银行存款余额调节表”来检查双方账目是否相符。

任务资料

湘丰制造有限公司 2014 年 12 月份银行存款日记账、银行对账单及银行存款余额调节表分别见表 5-5 至表 5-7。

表 5-5　银行存款日记账

2014年		凭证号	摘　要	结算凭证		对方科目	借方	贷方	余额
月	日			种类	号数				
12	1		期初余额						380500
	2	银付 1	购入材料	转支	3603	材料采购		48000	332500
	5	银付 2	偿还货款	转支	3604	应付账款		36800	295700
	10	银付 3	提取现金	现支	8653	库存现金		4000	291700
	13	银付 4	支付广告费	转支	3605	销售费用		37200	254500
	17	银收 1	收回货款	委收	1004	应收账款	28300		282800
	18	银付 5	支付保险费	转支	3606	待摊费用		40000	242800
	22	银付 6	预付差旅费	现支	8654	其他应收款		3500	239300
	30	银付 7	代垫运杂费	转支	3607	应收账款		6000	233300
	31	银收 2	收回货款	委收	1006	应收账款	18950		252250

表 5-6　银行对账单

账号：　　　　　　　　　　　　　　　　　　　　户名：湘丰制造有限公司

2014年		摘　要	结算凭证		借方	贷方	核对号	余额
月	日		种类	号码				
12	1	期初余额						380500
	2	付货款	转支	3603	48000			332500
	6	还货款	转支	3604	36800			295700
	10	提现金	现支	8653	4000			291700
	14	付广告费	转支	3605	37200			254500
	16	收回货款	委收	1004		28300		282800
	18	付出保险费	转支	3606	40000			242800
	22	提差旅费	现支	8654	3500			239300
	28	存入货款	委收	1005		95380		334680
	29	付货款	托收	2003	36800			297880
	31	存款利息	特转	1480		5900		303780

表 5-7　银行存款余额调节表

项　目	金　额	项　目	金　额
银行存款日记账余额		银行对账单余额	
加：		加：	
减：		减：	
调节后余额		调节后余额	

实训要求

1．以“会计主管”身份根据资料中的企业银行存款日记账和银行对账单进行逐笔核对。

2．以“出纳”身份根据核对结果编制“银行存款余额调节表”。

项目六　财务会计报表编制实训

实训综述

财务会计报表是指企业对外提供的反映企业某一特定日期财务状况和某一会计期间经营成果和现金流量的书面文件，包括资产负债表、利润表、现金流量表、所有者权益变动表和附注。本项目只涉及资产负债表和利润表的编制实训。通过本项目实训，使学生进一步理解资产负债表、利润表编制的基本原理，了解资产负债表、利润表的结构和报表内各项目的具体内涵，熟悉由凭证到账簿到报表的过程，掌握资产负债表、利润表编制的基本技能。

实训指导

企业财务会计报表的编制、对外提供及相关的法律责任必须按《会计法》、《企业会计准则》等有关财经法规、制度的要求办理，要做到真实可靠、相关可比、全面完整、编报及时。

任务一　编制资产负债表

任务描述

资产负债表是反映企业在某一特定日期财务状况的报表，是根据“资产=负债+所有者权益”这一会计等式，依据一定的分类标准和顺序，将企业在一定日期的全部资产、负债、所有者权益项目进行适当分类、汇总、排列后编制而成的。本任务要求学生掌握资产负债表的编制技能。

任务指导

（一）资产负债表编制的一般方法

资产负债表各项目数据的来源，主要通过以下几种方式取得。

1. 直接根据总账账户的余额填列

资产负债表中大多数项目，根据相应的总账账户的期末余额直接填列，包括交易性金融资产、应收票据、固定资产原价、累计折旧、在建工程、无形资产、短期借款、应付票据、其他应付款、应付职工薪酬、应交税费、实收资本、盈余公积等项目。

2. 根据几个总账账户余额合计填列

资产负债表中有些项目，不是对应于一个会计账户，而是对应于几个会计账户；这些项目需要对对应的几个会计账户的期末余额进行加总，再填列表中，如以下三个项目。

（1）“货币资金”项目，应根据库存现金、银行存款、其他货币资金三个总账账户的期末余额合计数填列。

（2）“存货”项目，应根据材料采购、原材料、周转材料、低值易耗品、材料成本差异、库存商品、生产成本等总账科目的期末借贷金额相抵后的差额填列。

（3）“未分配利润”项目，1～11 月份应根据“本年利润减利润分配”总账科目的期末余额的差额填列；年末编制年度资产负债表时，则根据“利润分配——未分配利润”明细科目余额直接填列。

如果企业年度发生亏损，则“未分配利润”项目应以“－”号列示。

3. 根据有关明细账的余额填列或根据总账户余额的方向分析填列

资产负债表中有些项目，要根据其明细账的期末余额进行填列或根据总账账户的余额方向填列，这些项目包括如下方面。

（1）“应收账款”明细账的借方余额在“应收账款”项目反映，贷方余额在“预收账款”项目反映。

（2）“预收账款”明细账的借方余额在“应收账款”项目反映，贷方余额在“预收账款”项目反映。

（3）“预付账款”明细账的借方余额在“预付账款”项目反映，贷方余额在“应付账款”项目反映。

（4）“应付账款”明细账的借方余额在“预付账款”项目反映，贷方余额在“应付账款”项目反映。

4. 根据明细账账户的有关内容分析计算填列

在资产负债表中有些项目需要根据有关的明细账账户的内容分析后填列，包括“长期借款”科目中，将于一年内到期的长期借款，在流动负债类下的“一年内到期的非流动负债”项目中反映；其余在“长期借款”项目中反映。

5. 根据账户余额减去其备抵账户后的净额填列

如“固定资产”项目，应根据“固定资产”科目的期末余额减去“累计折旧”、“固定资产减值准备”科目期末余额后的金额填列。

（二）资产负债表各有关项目的具体填列方法

资产负债表“年初数”栏内的各项数字，应根据上年末资产负债表“年末数”栏内所示数字填列。如果本年度该表规定的各个项目的名称和内容与上年度不相一致，应对上年年末资产负债表各项目的名称和数字按照本年度的规定加以调整后，再填入本年度该表“年初数”栏内。

任务资料

项目四所开设并登记的总账、明细账、日记账。

任务要求

以“会计主管”身份编制本企业 2014 年 12 月 31 日的资产负债表。

任务二　编制利润表

任务描述

利润表又称损益表，是反映企业一定期间经营成果的财务报表。它是一张动态的会计报表。

本任务要求学生掌握利润表的编制技能。

任务指导

编制利润表，按照我国企业会计利润表的格式要求，表中一般设有“本期金额”和“上期金额”两栏，具体填制方法如下所述。

1. “上期金额”的填列方法

在编制月度报表时，“本期金额”栏反映各项目本月的实际发生数；“上期金额”栏反映各项目上月利润表的实际发生数。在编制年度报表时，“本期金额”栏反映各项目本年度的实际发生数；“上期金额”栏反映各项目上年度利润表的实际发生数。如果上年度利润表的项目名称和内容与本年度利润表不相一致，应对上年度利润表项目的名称和数字按本年度的规定进行调整，填入报表的“上期金额”栏。

2. “本期金额”的填列方法

（1）“营业收入”项目，反映企业经营主要业务和其他业务所取得的收入总额。本项目应根据“主营业务收入”、“其他业务收入”科目的发生额分析填列。

（2）“营业成本”项目，反映企业经营主要业务和其他业务发生的实际成本。本项目应根据“主营业务成本”、“其他业务成本”科目的发生额分析填列。

（3）“营业税金及附加”项目，反映企业经营主要业务应负担的营业税、消费税、城市维护建设税、资源税、土地增值税和教育费附加等。本项目应根据“营业税金及附加”科目的发生额分析填列。

（4）“销售费用”项目，反映企业在销售商品等过程中发生的费用。本项目应根据“销售费用”科目的发生额分析填列。

（5）“管理费用”项目，反映企业发生的管理费用。本项目应根据“管理费用”科目的发生额分析填列。

（6）“财务费用”项目，反映企业发生的财务费用。本项目应根据“财务费用”科目的发生额分析填列。

（7）“投资净收益”项目，反映企业以各种方式对外投资所取得的净收益。本项目应根据“投资净收益”科目的发生额分析填列；如为投资损失，以“－”号填列。

（8）“营业外收入”项目和“营业外支出”项目，反映企业发生的与其生产经营无直接关系的各项收入和支出。这两个项目应分别根据“营业外收入”科目和“营业外支出”科目的发生额分析填列。

（9）“利润总额”项目，反映企业实现的利润总额。如为亏损总额，以“－”号填列。

（10）“所得税费用”项目，反映企业按规定从本期利润中减去的所得税。本项目应根据“所得税费用”科目的发生额分析填列。

（11）“净利润”项目，反映企业实现的净利润。如为净亏损，以“－”号填列。

任务资料

项目四所开设并登记的有关损益账户资料。

任务要求

以“会计主管”身份编制本企业 2014 年 12 月份和 2014 年年度的利润表。

项目七　会计凭证和账表的装订与保管实训

实训综述

通过实训，使学生熟悉会计凭证造册归档、使用、借阅及保管、销毁等程序，掌握会计凭证和账表的装订、保管要求和技术。

实训指导

（一）会计凭证的装订方法及保管要求

（1）记账凭证应当连同所附的原始凭证或者原始凭证汇总表，按照编号顺序，折叠整齐，按期装订成册，并加具封面，注明应填列的内容，由装订人在装订线封签处签名或者盖章。

（2）装订时，首先，将全部凭证以左上角为准对齐，在左上角正面放一长宽各约 9 厘米的正方形牛皮纸，将牛皮纸对折为四块，剪掉左上角的那块，将右下角与凭证的左上角对齐；其次，在凭证封面左上角上钻两个孔，穿入装订绳，绕两圈，在封底打上结；再次，将牛皮纸右上角和左下角两小块反折到凭证封底，粘在打好的结上，将结压在里面（上述装订面积一般不超过 3.5 厘米）；最后，由装订人盖上骑缝章，并在脊背上填写时间及编号。

（3）填写时，会计凭证的封面应当包括以下内容：单位名称、所属年度和月份、起讫日期、凭证种类、起讫号码等。

会计凭证封面

	（企业名称）
	年　月份　共××册第××册
年	
	收款
月份	付款　凭证　第××号至第××号　共××张
	转账
第　册	附：原始凭证共××张
	会计主管：　　　　保管：

（4）会计凭证装订时，对于那些重要的原始凭证，例如，各种经济合同、存出保证金收据、涉外文件、契约等，为了便于日后查阅，可以不附在记账凭证之后，另编目录，单独保管，然后在相关的记账凭证和原始凭证上相互注明日期和编号，以便日后核对。

（5）会计凭证装订时，对于那些较多的原始凭证，例如，发货票、收货单、领料单等，也可以不附在记账凭证之后，单独装订成册，在封面上注明记账凭证的日期、编号、种类，然后在记账凭证上注明“附件另订”（或“所附原始凭证另订”）和原始凭证的名称、编号。

（6）装订成册的会计凭证，应指定专人负责保管。当年的会计凭证，在会计年度终了后，可暂由本单位会计机构保管一年，期满后应交本单位的档案机构统一保管。出纳人员不得兼管会计档案。已经存档的会计凭证，在需要查阅时，必须经过一定的审批手续。查阅时不得拆散原卷册。原始凭证不得外借。外单位因特殊需要使用原始凭证时，经本单位领导人批准，可以复制。向外单位提供的原始凭证复制件，应在专设的登记簿上登记，并由提供人员和收取人员共同签章。

（7）保管期满的会计凭证可以销毁。但属于下列情况的，保管期满也不得销毁：

① 尚未结清的债权债务的原始凭证，保管期满也不得销毁，应当单独抽出立卷，保管到事项完结时为止；

② 正在项目建设期间的建设单位，其保管期满的会计凭证也不得销毁。

（8）按规定可以销毁的会计凭证，销毁时应办理如下手续：

① 由本单位档案机构会同会计机构提出销毁意见，编制销毁清册，列明所销毁的会计凭证的名称、卷号、册数、起止年度、档案编号、应保管期限、已保管期限和销毁的时间，等等；

② 由单位负责人在销毁清册上签署意见；

③ 销毁时，应由档案机构和会计机构共同派员监督；

④ 监销人员在会计凭证销毁前，应当按照销毁清册所列的内容清点核对所要销毁的会计凭证；销毁后，应当在销毁清册上签名盖章，并将监销情况报告本单位负责人。

（二）会计账簿的装订方法及保管要求

1. 会计账簿的更换

账簿更换是在会计年度末，将本年度旧账更换为下年度新账。

更换新账的方法是：在年终结账时，将需要更换账簿的各账户的年末余额直接归入新启用账簿的有关账户中去，不需要编制记账凭证。

更换新账时，要注明各账户的年份，然后在第一行“日期”栏内写明“1 月 1 日”，在“摘要”栏注明“上年结转”，把账户余额写入“余额”栏内，在此基础上登记新年度的会计事项。

2. 旧账归档，移交前的准备工作

账簿在更换新账后除跨年使用的账簿外，其他账簿应按时整理归入会计档案保管。归档前应做好以下几项工作。

（1）账簿装订前的工作。首先，按账簿启用表的使用页数核对账户是否相符，账页是否齐全，序号排列是否连续；然后，按会计账簿封面、账簿启用表、账户目录和排序整理好的账页顺序装订。

（2）活页账簿装订要求。将账页填写齐全，去除空白页和账夹，并加具封底封面；多栏式活页账、三栏式活页账、数量金额式活页账等不得混装，应按同类业务、同类账页装订在一起；在装订账页的封面上填写好账簿的种类，编好卷号，由会计主管人员、装订人或经办人签章。

（3）账簿装订后的其他要求。会计账簿应牢固、平整，不得有折角、缺角、错页、掉页、加空白纸的现象；会计账簿的封口要严密，封口处要加盖印章；封面应齐全、平整，并注明所属年度及账簿名称、编号；编号要一年一编，编号顺序是总账、现金日记账、银行存款日记账、分类明细账；旧账装订完毕后，按规定要求进行保管。

3. 调用旧账时应办理的手续

各单位保存的会计账簿归档后不得借出，如有特殊需要经本单位负责人批准，可以提供查阅或者复制，并办理登记手续。查阅或者复制会计档案的人员，严禁在会计档案上涂画、拆封和抽换。

各单位应建立健全会计档案查阅、复制登记制度。

（三）会计档案保管期限

会计档案保管期限一览表

序号	档案名称	保管期限
1	记账凭证	15 年
2	收据存根	15 年
3	工资表册	15 年
4	总账	15 年
5	收支明细账	15 年
6	固定资产卡片	报废清理后 5 年
7	资金往来账	15 年
8	辅助账	15 年
9	现金账	25 年
10	银行存款账	25 年
11	决算报表	永久
12	月报、季报表	3 年
13	银行对账单	5 年
14	会计档案保管清册	永久
15	会计档案销毁清册	永久
16	会计档案移交清册	15 年
17	银行存款余额调节表	5 年

任务一 整理、粘贴原始凭证

任务描述

原始凭证是记录经济业务、明确经济责任并具有法律效力的书面证明。本任务要求学生学会对种类繁多、大小不一的原始凭证进行整理、粘贴，使之整齐美观、便于装订。

任务指导

对纸张面积小于记账凭证的原始凭证，用大头针或回形针将其别在记账凭证的后面，待装订记账凭证时将大头针或回形针抽回。对纸张面积大于记账凭证的原始凭证，可按略小于记账凭证的尺寸进行折叠。对纸张面积较小的原始凭证，可按一定的顺序和类别，粘贴在“原始凭证粘贴单”上。粘贴时，对较小的原始凭证，如公车汽车票，应分别排列，适当重叠，但要露出数字金额和编号，便于计算和复核。粘贴时，要注意把同类、同金额的单据粘贴在一起。

任务资料

项目三中所涉及的原始凭证资料。

任务要求

同时以“会计主管”、“记账会计”、“制单会计”身份将项目三中所涉及的原始凭证进行整理、粘贴，为记账凭证的装订做好准备。

任务二　装订会计凭证和账表

任务描述

会计凭证、账簿、报表是重要的经济档案，必须妥善保管，防止丢失、毁损。会计部门在完成记账工作后，应在凭证整理的基础上，定期对会计凭证进行装订，一定时期终了还应对账簿、报表进行装订。本任务要求学生学会会计凭证及账表的装订方法。

任务指导

1. 整理检查记账凭证

（1）拆除记账凭证上的大头针、回形针、订书钉。

（2）薄厚要均匀。

（3）凭证号码要复查，防止号码颠倒或缺号，并要检查记账凭证中所附的原始凭证及文件夹是否齐全。

2. 加具封面，装订成册

3. 填写记账凭证封面

封面内容要填写齐全，盖全印章。

4. 整理装订账簿

（1）整理活页账，抽出空白页。

（2）标明账页的总页数和分页数。

（3）加具扉页和封面进行装订。

5. 整理装订报表

（1）整理 1～12 月份的报表，按月份顺序排列整齐。

（2）加具会计报表封面装订成册并加盖公章。

（3）填写会计报表封面。

任务资料

见本项目任务一所整理的原始凭证，项目三、项目四、项目六中所涉及的资料。

任务要求

同时以“会计主管”、“记账会计”、“制单会计”的身份将项目三中编制的通用或专用记账凭证、项目四中所开设并登记的账簿、项目五所编制的会计报表装订成册。

第三篇

基础会计综合实训

项目八　综合实训

实训综述

通过实训，使学生全面、系统地掌握科目汇总表核算程序下原始凭证的填制和审核；记账凭证的编制和审核、科目汇总表的编制；会计账簿的建立、登记、对账、结账；会计报表的编制等会计基础操作技能和方法。

实训指导

科目汇总表账务处理程序，是指对发生的经济业务，根据原始凭证或原始凭证汇总表编制记账凭证，根据记账凭证定期编制科目汇总表，并据以登记总分类账的一种账务处理程序。这种账务处理程序的主要特点是，根据记账凭证定期编制科目汇总表，然后根据科目汇总表登记总账。

（一）科目汇总表账务处理程序

（1）根据原始凭证或原始凭证汇总表填制记账凭证。

（2）根据记账凭证中的收款、付款凭证逐日逐笔登记现金日记账和银行存款日记账。

（3）根据各种记账凭证，结合原始凭证或原始凭证汇总表逐笔登记各种明细分类账。

（4）根据各种记账凭证定期登记“丁”字账并进行“丁”字账发生额试算平衡。

（5）根据“丁”字账填制科目汇总表。

（6）根据科目汇总表登记总分类账。

（7）根据总账资料定期与有关的明细账和日记账核对，保证账账相符。

（8）根据总账、明细账和其他有关资料定期编制会计报表。

（二）凭证和账簿的设置

采用这种账务处理程序，除设置通用记账凭证或收款凭证、付款凭证和转账凭证外，为了定期将全部记账凭证进行汇总，应另设置科目汇总表。现金日记账、银行存款日记账及各种明细分类账和总分类账的设置与记账凭证账务处理程序基本相同。

（三）科目汇总表的编制方法

采用“丁”字账工作底稿的方法进行编制。

（1）定期（5 天、10 天、半个月或一个月）对各种记账凭证进行汇总，按汇总期内全部记账凭证所涉及的每一会计科目开设并登记“丁”字账。

为了便于登记总账，一般按总分类账上的账户顺序开设“丁”字账，并将汇总期内的全部记账凭证逐笔登记入账。为了便于日后查找账目，反映账户之间的对应关系，要求在“丁”字账中逐笔标出凭证种类和凭证号数。

（2）进行“丁”字账发生额试算平衡。在“丁”字账工作底稿上，加总所有账户借方发生额和贷方发生额，进行发生额试算平衡。如借贷方数额相等，则表示汇总正确；否则，需检查转抄、加总及记账凭证有无错误。查明原因，直到借贷平衡。“丁”字账发生额试算平衡取代了总分类账试算平衡。

（3）根据“丁”字账填制科目汇总表。“丁”字账发生额试算平衡后，按“丁”字账工作底稿上的账户顺序填在科目汇总表中“会计科目”栏上，将每一账户的借 、贷方发生额填入科目汇总表的相应栏目内，全部账户借、贷方发生额合计数分别填入合计栏的借方和贷方。

对于现金、银行存款科目的借方发生额和贷方发生额也可以根据现金日记账和银行存款日记账借、贷方金额合计数填列。

任务资料

（一）企业基本情况

企业名称，所属行业	湘丰制造有限公司，制造业
主要业务，主要产品	儿童背心、男式背心
单位地址，电话号码	娄底市育才路 8 号，0738-6228779
开户行及账号	工商银行娄底支行，1913010109024569896
纳税人识别号	431302789022218
适应税率	增值税税率 17%、企业所得税税率 25%、城建税 7%、教育费附加 4.5%
主要会计岗位及人员	陈珊（会计主管）、吴斌（记账员）、李小丽（制单）、刘晨（出纳员）
组织机构	厂办、生产车间、销售部、财务部

（二）建账资料

建账资料具体见表 8-1 至表 8-4。

表 8-1　2014 年 11 月 30 日各账户余额表

单位：元

账户名称		借方金额		贷方金额	
总　账	明细账	总　账	明细账	总　账	明细账
库存现金		2200.00			
银行存款		199000.00			

续表

账户名称		借方金额		贷方金额	
总　账	明细账	总　账	明细账	总　账	明细账
其他货币资金		12500.00			
交易性金融资产		100000.00			
应收账款		50000.00			
应收账款	大明公司		26000.00		
应收账款	长新公司		24000.00		
预付账款		15200.00			
其他应收款		1700.00			
其他应收款	王林		1200.00		
其他应收款	李军		500.00		
坏账准备				2985.00	
在途物资		10000.00			
在途物资	群益股份有限公司		10000.00		
原材料		51000.00			
原材料	涤纶		10000.00		
原材料	棉布		25000.00		
原材料	丝绸		16000.00		
周转材料		21500.00			
库存商品		33000.00			
库存商品	儿童背心		18000.00		
库存商品	男式背心		15000.00		
持有至到期投资		300000.00			
固定资产		2000000.00			
累计折旧				585000.00	
短期借款				80000.00	
应付账款				68000.00	
应付账款	正大工厂				22000.00
应付账款	新华材料厂				46000.00
预收账款				14500.00	
应付职工薪酬				5120.00	
	职工福利				3520.00
	工会经费				1600.00
应交税费				31063.00	
应交税费	应交增值税				7680.00
应交税费	城市维护建设税				538.00
应交税费	应交所得税				22500.00

续表

账户名称		借方金额		贷方金额	
总　账	明细账	总　账	明细账	总　账	明细账
应交税费	教育费附加				345.00
应付利息				1572.00	
实收资本				1214325.00	
资本公积				406200.00	
盈余公积				121780.00	
盈余公积	法定盈余公积				121780.00
利润分配				40483.00	
本年利润				225072.00	
合　计		2796100.00		2796100.00	

表 8-2　1～11 月 有关损益账户发生额

单位：元

账户名称	1～11 月累计发生额	
	借方累计发生额	贷方累计发生额
主营业务收入		977842.00
其他业务收入		38200.00
投资收益		101600.00
营业外收入		34000.00
主营业务成本	585000.00	
营业税金及附加	38600.00	
其他业务成本	19200.00	
销售费用	42150.00	
管理费用	106000.00	
财务费用	48200.00	
营业外支出	5000.00	
所得税费用	82420.00	

表 8-3　原材料明细账（11 月 30 日资料）

明细账户	数量（米）	单价（元）	金额（元）
涤纶	2000	5.00	10000.00
棉布	2500	10.00	25000.00
丝绸	500	32.00	16000.00

表 8-4　库存商品明细账（11 月 30 日资料）

明细账户	数量（件）	单价（元）	金额（元）
儿童背心	1200	15.00	18000.00
男式背心	600	25.00	15000.00

（三）湘丰制造有限公司 2014 年 12 月份发生的经济业务

1．12 月 1 日，从银行提取现金 2 000 元备用。

【业务 1】

中国工商银行
现金支票存根（湘）
B/0 G/2 00930329

科　　目________
对方科目________
出票日期　　年　月　日

收款人：
金额：
用途：

单位主管　　会计

本支票付款期限十天

中国工商银行现金支票（湘）　　B/0 G/2 00930329

出票日期（大写）：　　年　　月　　日　　付款行名称：
收款人：　　出票人账号：

人民币（大写）		亿	千	百	十	万	千	百	十	元	角	分

用途：________　　科目（借）________
上列款项请从　　对方科目（贷）________
我账户内支付　　付讫日期　　年　　月　　日
出票人签章　　复核　　记账

刘晨印

湘丰制造有限公司
4313027890222218
财务专用章

贴对号单处　B/0 G/2 00930329

2．12 月 3 日，上月采购的棉布 1 000 米，验收入库，按实际采购成本 10 000 元入账。

【业务 2】

收　料　单

供货单位：群益股份有限公司　　编号：1010

发票号码：0023121　　2014年 12月 3日　　仓库：二仓库

规格	材料名称	编号	数量		实际价格（元）				合计									
			应收	实收	单位	单价	发票金额	运杂费	千	百	十	万	千	百	十	元	角	分
备注			验收人盖章		李　五			合计										

第二联：会计部门

采购员：　　检验员：　　记账员：　　保管员：李五

3．12 月 2 日，从大发工厂（开户行：中国建设银行车站支行；账号：300100234565478；地址：娄底市扶青路 56 号；纳税人识别号：430104199201428）购入涤纶 6 000 米，单价 5 元，发票注明的原材料价款 30 000 元，增值税额 5 100 元，材料验收入库，贷款及税款以转账支票支付。

【业务 3-1】

中国工商银行

转账支票存根（湘）

$\frac{B}{0}\frac{G}{2}$00930329

支票号码　03250010

科　　目：________

对方科目：________

出票日期 2014年 12月 2日

收款人：	大发工厂
金　额：	¥35100
用　途：	付货款

单位主管　　　会计

复　核　　　　记账

【业务 3-2】

湖南省增值税专用发票

发票联

43000452021　　　　　　　　　　　　№ 00065854

开票日期：　　年　　月　　日

<table>
<tr><td rowspan="4">购货单位</td><td>名　　称：</td><td colspan="3" rowspan="4"></td><td rowspan="4">密码区</td><td colspan="3">2489—1<9—7—61896284</td></tr>
<tr><td>纳税人识别号：</td><td colspan="3">8<032/52>9/29533-4974　加密版本 01</td></tr>
<tr><td>地址、电话：</td><td colspan="3">1626<8-3024>82906-2　4300020452100017654</td></tr>
<tr><td>开户行及账号：</td><td colspan="3">-47-6<7>2*—/>*>6</td></tr>
<tr><td colspan="2">货物或应税劳务名称</td><td>规格型号</td><td>单位</td><td>数量</td><td>单价</td><td>金　额</td><td>税率</td><td>税　额</td></tr>
<tr><td colspan="2">合　计</td><td></td><td></td><td></td><td></td><td></td><td></td><td></td></tr>
<tr><td colspan="2">价税合计（大写）</td><td colspan="7">（小写）</td></tr>
<tr><td rowspan="4">销货单位</td><td>名　　称：</td><td colspan="3" rowspan="4"></td><td rowspan="4">备注</td><td colspan="3" rowspan="4">湖南浏阳市大发工厂
发票专用章</td></tr>
<tr><td>纳税人识别号：</td></tr>
<tr><td>地址、电话：</td></tr>
<tr><td>开户行及账号：</td></tr>
</table>

第三联：发票联　购货方记账凭证

收款人：　　　　复核：　　　　开票人：　　　　销货单位（章）

【业务 3-3】

收 料 单

编号：1010

发票号码： 2014 年 12 月 2 日 仓库：一仓库

规格	材料名称	编号	数量		实际价格（元）				合计									
			应收	实收	单位	单价	发票金额	运杂费	千	百	十	万	千	百	十	元	角	分
	涤纶		6000	6000	米	5.00	30000					3	0	0	0	0	0	0

备注	验收人盖章		合计 30000.00

采购员： 检验员： 记账员： 保管员：李五

第二联：会计部门

4．12 月 2 日，采购员王林出差归来，报销差旅费 880 元，收回现金 320 元。

【业务 4-1】

收 据

年 月 日 第 号

今收到					
人民币（大写）：				万 千 百 十 元 角 分	
事由：				现金 支票 号 现金收讫	
收款单位		财务负责人		收款人	

第三联：收据

【业务 4-2】

差旅费报销单

单位名称：　　　　　　　　　　　　填报日期：　年　月　日　　　　　　　　　　　　单位：元

姓名		王林	职级			出差事由		出差时间		计划　天 实际　天	
日期		起止地点		飞机、车、船票		其他费用					备注
月	日	起	止	类别	金额	项目		标准	计算天数	核报金额	
11	28	娄底	珠海	火车	228.00	住宿费	包干报销	70.00	4	280.00	
12	2	珠海	娄底	火车	228.00		限额报销				
						伙食补助费					
						车、船补助费					
						其他杂支		144.00		144.00	
小计					456.00	小计				424.00	
总计金额（大写）		捌佰捌拾元整				预支 1200 核销 880 退补 320					

主管：　　　　　　　　部门：　　　　　　　　审核：　　　　　　　　填报人：

5．12 月 3 日，销售儿童背心 1 000 件，单价 32 元，男式背心 500 件，单价 48 元，给西安仁和有限公司（开户行：中国工商银行平安分行；账号：1901554732403585435；地址、电话：安平路 87 号，0376-523648；纳税人识别号：431585662478360），收到银行汇票，填进账单，一并送存银行。

【业务 5-1】

中国工商银行进账单（收账通知）

年　月　日　　　　　　　　　　　　　　　　　　　第　号

付款人	全称		收款人	全称									
	账号			账号									
	开户银行			开户银行									
人民币（大写）			千	百	十	万	千	百	十	元	角	分	
票据种类			收款人开户银行盖章 年　月　日										
票据张数													
单位主管　会计　复核　记账													

工商银行娄底支行
2014.12.03
转讫

【业务 5-2】

湖南增值税专用发票

记 账 联

6100092330　　　　　　　　　　　　　　　　　　№ 00575238

开票日期：2014 年 12 月 3 日

购货单位	名　　称：西安仁和有限公司 纳税人识别号：431585662478360 地址、电话：安平路 87 号，0376-523648 开户行及账号：工商银行平安分行，1901554732403585435	密码区	2489 －1 < 9 －7 － 615962848 < 032/52 > 9/29533－49741626 < 8 －3024 > 82906－2－47－6 < 7 > 2*－/ > * > 6/ 加密版本 01 6100092330 00575238

货物或应税劳务名称	规格型号	单位	数量	单价	金额	税率	税额
儿童背心		件	1000	32.00	32000.00	17%	5440.00
男式背心		件	500	48.00	24000.00	17%	4080.00
合　计					￥56000.00		￥9520.00
价税合计（大写）	陆万伍仟伍佰贰拾元整				（小写）￥65520.00		

销货单位	名　　称：湘丰制造有限公司 纳税人识别号：431302789022218 地址、电话：娄底市育才路 8 号，0738-6228779 开户行及账号：工商银行娄底支行，1913010109024569896	备注	湘丰制造有限公司 431302789022218 发票专用章

收款人：　　　　复核：　　　　开票人：马萍　　　　销货单位（章）

第一联 记账联 销货方记账凭证

【业务 5-3】

产 品 出 库 单

购货单位：　　　　　　　　　　　　　　　　　　编号：**1201**

发票号码：　　　　　　2014 年　12　月　3　日　　　　　　仓库：**三仓库**

规格	品名	编号	数量		实际成本（元）										
			应发	实发	单位	单价	合计								
							千	百	十	万	千	百	十	元	角	分
	儿童背心		1000	1000	件											
	男式背心		500	500	件											
备注			发货人盖章			合　计										

主管：　　　　保管员：**李玉**　　　　检验员：　　　　记账员：

第二联：会计部门

【业务 5-4】

中国工商银行银行汇票（收款通知）

付款期限
壹 个 月

00448978
第　号

账号：061466385245700

出票日期（大写）：贰零壹肆年壹拾贰月零叁日
代理付款行：中国工商银行平安分行
行号：410

收款人：湘丰制造有限公司　　账号：191301010902456989 6

出票金额（大写）　人民币　柒万元整

实际结算金额（大写）人民币陆万伍仟伍佰贰拾元整

千	百	十	万	千	百	十	元	角	分
		¥	6	5	5	2	0	0	0

申请人：西安仁和有限公司
出票行：工商银行平安分行
行　号：410
备　注：货款
凭票付款
出票行签章

多余金额

千	百	十	万	千	百	十	元	角	分
			¥	4	4	8	0	0	0

科目（借）
对方科目（贷）
转账日期 2014年12月3日
复核　　记账

工商银行娄底支行
2014.12.03
转讫

此联是出票行交收款行作收款凭证

【业务 5-5】

中国工商银行银行汇票（解讫通知）

付款期限
壹 个 月

00448978
第　号

账号：061466385245700

出票日期（大写）：贰零壹肆年壹拾贰月零叁日
代理付款行：中国工商银行平安分行
行号：410

收款人：湘丰制造有限公司　　账号：1913010109024569896

出票金额（大写）　人民币　柒万元整

实际结算金额（大写）人民币陆万伍仟伍佰贰拾元整

千	百	十	万	千	百	十	元	角	分
		¥	6	5	5	2	0	0	0

申请人：西安仁和有限公司
出票行：工商银行平安分行
行　号：410
备　注：货款
凭票付款
出票行签章

多余金额

千	百	十	万	千	百	十	元	角	分
			¥	4	4	8	0	0	0

科目（借）
对方科目（贷）
兑付日期 2014年12月3日
复核　　记账

工商银行娄底支行
2014.12.03
转讫

此联是代理付款行兑付后随单寄出票行，由出票行作多余款贷方凭证

6．12 月 3 日，仓库发出材料，生产儿童背心领用涤纶 4 000 米，实际成本为 20 000 元，领用棉布 2 000 米，实际成本为 20 000 元，生产男式背心领用涤纶 1 500 米，实际成本为 7 500 元，领用棉布 800 米，实际成本为 8 000 元，车间一般耗用丝绸 200 米，实计成本为 6 400 元；行政管理部门领用丝绸 150 米，实际成本为 4 800 元。

【业务 6】

湘丰制造有限公司发出材料汇总表

金额单位：元
数量单位：米

领用部门及用途		涤　纶			棉　布			丝　绸			合　计
		数量	单价	金额	数量	单价	金额	数量	单价	金额	
基本生产	儿童背心	4000		20000	2000		20000				40000
	男式背心	1500		7500	800		8000				15500
车间耗用								200		6400	6400
管理部门								150		4800	4800
销售部门											
合　计		5500		27500	2800		28000	350		11200	66700

会计主管：　　　　记账：　　　　保管：　　　　制表：

7．12 月 5 日，收到大明公司（开户行：中国工商银行雨花路支行，账号：9870228203282034，地址、电话：星城市雨花路 654 号，0731-4456821，纳税人识别号：430103912456845）前欠的货款 26 000 元，收到转账支票一张并转存银行。

【业务 7-1】

中国工商银行转账支票（湘）

本支票付款期限十天

出票日期（大写）：贰零壹肆年壹拾贰月零伍日　　付款行名称：工行雨花路支行

收款人：湘丰制造有限公司　　出票人账号：9870228203282034672

人民币（大写）	千	百	十	万	千	百	十	元	角	分
贰万陆仟元整			¥	2	6	0	0	0	0	0

用途：还欠款　　　　科目（借）

上列款项请从　　　　对方科目（贷）

我账户内支付　　　　付讫日期　年　月　日

出票人签章　　　　出纳　复核　记账

娄底市大明公司财务专用章

李雨宁印

【业务 7-2】

中国工商银行进账单（收账通知）

年　月　日　　　　　　　　　　　　第　　号

付款人	全　称		收款人	全　称											
	账　号			账　号											
	开户银行			开户银行											
人民币（大写）			千	百	十	万	千	百	十	元	角	分			
票据种类			收款人开户银行盖章												
票据张数															
单位主管　会计　复核　记账			年　月　日												

工商银行娄底支行 2014.12.05 转讫

8．12 月 6 日，以银行存款向新新电脑公司（开户行：中国工商银行解放路支行，账号：5002001289，地址、电话：娄底市解放路 338 号，0738-4652139，纳税人识别号：430421198801428）购入手提电脑 3 台，单价 5 000 元，增值税 2 550 元，验收交付使用。

【业务 8-1】

中国工商银行

转账支票存根（湘）

$\frac{B}{0}\frac{G}{2}$00930331

科　　目：__________

对方科目：__________

出票日期 *2014*年 *12*月 *6*日

收款人：新新电脑公司
金　额：¥17550.00
用　途：付电脑款

单位主管　　　会计

复　核　　　　记账

【业务 8-2】

湖南省增值税专用发票

发　票　联

43000452021　　　　　　　　　　№ 00085694

开票日期：2013 年　12 月 6　日

购货单位	名　　称：湘丰制造有限公司 纳税人识别号：431302789022218 地址 、 电话：娄底市育才路 8 号，0738-6228779 开户行及账号：工商银行娄底支行，1913010109024569896	密码区	2489—1<9—7—61896284 8<032/52>9/29533-4974 1626<8-3024>82906-2 -47-6<7>2*—/>*>6	加密版本 01 43000452021 00085694

货物或应税劳务名称	规格型号	单位	数量	单价	金　额	税率	税　额
手提电脑		台	3	5000.00	15000	17%	2550
合　计					¥15000		¥2550
价税合计（大写）	壹万柒仟伍佰伍拾元正					（小写）¥17550.00	

销货单位	名　　称：新新电脑公司 纳税人识别号：430421198801428 地址　、电话：娄底市解放路 338 号，0738-4652139 开户行及账号：工商银行解放路支行，1900100321502001289	备注	新新电脑有限公司 发票专用章

收款人：　　　　复核：　　　　开票人：　　　　销货单位（章）

第三联：发票联　购货方记账凭证

【业务 8-3】

固定资产验收单

供货单位：　　　　　　　　　　　　　　　　编号：

发票号码：　　　　　　　　年　　月　　日

固定资产编号	固定资产名称	规格	计量单位	数量		实际价格				备注
				应收	实收	单价	发票金额	运杂费用	合计	

质量检验记录	制造日期	合格证号	技术条件	质量状况	检查结论

采购员：　　　　检验员：　　　　记账员：　　　　使用部门：

9．12 月 6 日，开出银行转账支票将提取的工会经费 1 600 元拨交工会。

【业务 9】

中国工商银行

转账支票存根（湘）

$\frac{B}{0}\frac{G}{2}$00930332

科　　目：__________

对方科目：__________

出票日期 *2014*年 *12*月 *6*日

收款人：	本单位工会
金　额：	¥1600.00
用　途：	工会经费

单位主管　　　　会计

复　　核　　　　记账

10．12 月 7 日，上缴上月应交税金（其中应交增值税 7 680 元，应交城市维护建设税 538 元，应交教育费附加 345 元）。

【业务 10-1】

中华人民共和国税收通用缴款书　　地

隶属关系：　　　　　　　　　　　　　　　　　　　　№0000056321

经济类型：　　　　填发日期：　　2014 年 12 月 7 日　　　　收入机关：娄底市地税局

缴款单位（人）	代　码	431302789022218	预算科目	编码	
	全　称	湘丰制造有限公司		名称	城市维护建设税
	开户银行	工商银行娄底支行		级次	
	账　号	1913010109024569896		收款国库	交通银行车站办

税款所属时期：　2014 年　11 月　1 日— 2014 年　11 月　30　　税款限缴日期：　2014 年 12　月　15 日

品目名称	课税数量	计税金额或销售收入	税率或单位税额	已缴或扣除额	千	百	十	万	千	百	十	元	角	分
增值税		7680	7%							5	3	8	0	0
金额合计（大写）														

缴款单位(人)（盖章）经办人(章)	税务机关（盖章）填票人（盖章）	上列款项已收妥并划转收款单位账户 国库（银行）盖章　　年　月　日	备注

（印章：湘丰制造有限公司 431302789022218 财务专用章；娄底市地方税务局四分局；工商银行娄底支行 2014.12.07 转讫）

【业务 10-2】

中华人民共和国税收通用缴款书　地

隶属关系：　　　　　　　　　　　　　　　　　　　　№0000056322

经济类型：　　　填发日期：　2014 年 12 月 7 日　　　收入机关：娄底市地税局

缴款单位(人)			预算科目		
缴	代码	431302789022218	预	编码	
款单	全称	湘丰制造有限公司	算	名称	教育费附加
位	开户银行	工商银行娄底支行	科	级次	
(人)	账号	1913010109024569896	目	收款国库	交通银行车站办

税款所属时期：2014 年 11 月 1 日— 2014 年 11 月 30　　税款限缴日期：2014 年 12 月 15 日

品目名称	课税数量	计税金额或销售收入	税率或单位税额	已缴或扣除额	千	百	十	万	千	百	十	元	角	分
增值税		7680	4.5%							3	4	5	0	0
金额合计（大写）														

缴款单位(人)（盖章）经办人(章)	税务机关（盖章）填票人（盖章）	上列款项已收妥并划转收款单位账户 国库（银行）盖章　年　月　日	备注

【业务 10-3】

中华人民共和国税收通用缴款书　国

隶属关系：　　　　　　　　　　　　　　　　　　　　№0000056322

经济类型：　　　填发日期：2014 年 12 月 7 日　　　收入机关：娄底市国税局

缴款单位(人)			预算科目		
缴	代码	431302789022218	预	编码	
款单	全称	湘丰制造有限公司	算	名称	增值税
位	开户银行	工商银行娄底支行，	科	级次	
(人)	账号	1913[illegible]90245[illegible]	目	收款国库	建设银行长青支行

税款所属时期：2014 年 11 月 1 日— 2014 年 11 月 30　　税款限缴日期：2014 年 12 月 15 日

品目名称	课税数量	计税金额或销售收入	税率或单位税额	已缴或扣除额	千	百	十	万	千	百	十	元	角	分
增值税		45176.47	17%							7	6	8	0	0
金额合计（大写）														

缴款单位(人)（盖章）经办人(章)	税务机关（盖章）填票人（盖章）	上列款项已收妥并划转收款单位账户 国库（银行）盖章　年　月　日	备注

11．12月11日，填制信汇委托书，汇出货款22 000元，归还正大工厂的货款（开户行：株洲市农业银行南方路支行，账号：600100447865352）。

【业务11】

中国农业银行信汇凭证（付款通知）

委托日期：　　　　年　月　日　　　　第 **002457** 号

付款人	全　称		收款人	全　称								
	账　号			账　号								
	开户银行			开户银行								
人民币（大写）			千	百	十	万	千	百	十	元	角	分
票据种类			收款人开户银行盖章 年　月　日									
票据张数												
单位主管　会计　复核　记账												

工商银行娄底支行 2014.12.11 转讫

此联是银行交付款人的付账通知

12．12月12日，厂办李宇出差开会，向财务科借现金1 500元。

【业务12】

借　据

年　月　日　　　　**借字 1 号**

今借人民币（大写）：

借　款　原　因：

部　门　意　见：**同意**

主 管 批 准 意 见：**同意**

批准人：**朱一凡章**　　　　借款人（签章）

现金付讫

13．12月12日，总务科报账，报销零星办公用品费695元，以现金补足定额备用金。

【业务13-1】

娄底商业零售企业统一发票

客户：　　　　2014年12月12日　　　　**№01423254**

货号	品名	规格	单位	数量	单价	金额					备注
						百	十	元	角	分	
	复印纸	**A4**	**箱**	*2*	*240.00*	*4*	*8*	*0*	*0*	*0*	
						4	*8*	*0*	*0*	*0*	
合计金额（大写）	**肆佰捌拾元整　¥480.00**										

发票专用章（未盖章无效）　　开票人：**张立**　　收款人：**陈浩**

娄底市百货公司 发票专用章

【业务 13-2】

娄底商业零售企业统一发票

湖南

客户：　　　　2014年12月12日　　　　№01423256

货号	品名	规格	单位	数量	单价	金额					备注
						百	十	元	角	分	
	钢笔		支	5	15.00		7	5	0	0	
	圆珠笔		支	10	6.00		6	0	0	0	
	笔记本		支	20	4.00		8	0	0	0	
合计金额（大写）		贰佰壹拾伍元整　¥215.00									

发票专用章（未盖章无效）　　开票人：张立　　收款人：陈浩

娄底市百货公司 发票专用章

【业务 13-3】

湘丰制造有限公司现金付讫凭单

2014 年　12 月　12 日　　　　第　　号

付款事由	报销办公用品
金额（大写）陆佰玖拾伍元整	现金付讫
备注：	

会计主管：　　复核：　　批准部门：　　收款人：

14．12 月 13 日，报销职工因公就医医药费 1 620 元，以现金支付。

【业务 14-1】

湘丰制造有限公司现金付讫凭单

2014 年 12　月 13　日　　　　第　　号

付款事由	报销职工因公医药费
金额（大写）壹仟陆佰贰拾元整	现金付讫
备注：	

会计主管：　　复核：　　批准部门：　　收款人：

【业务 14-2】

娄底市第一医院门诊发票

发 票 联

姓名：王伟

西　药	1150.00	材料费	20.00
中成药		治疗费	
中草药		B 超	
常规检查		CT	
核磁		检验费	450.00
手术费		留观费	
输氧费		MRI	
高压氧		ECT	
输血费		自费	
合　计	人民币壹仟陆佰贰拾元整		

第二联：报销凭证

收款单位公章（娄底市第一医院 门诊收费专用章）　　收费员：程丽

15. 12 月 15 日，向本市永宏公司（开户行：工行五一路分行，账号：722403823628201，地址、电话：五一路 18 号，4632510，纳税人识别号：00181027010132），销售儿童背心 3 500 件，单价 32 元，男式背心 1 000 件，单价 48 元，增值税税率 17%，货款及税款收到转账支票，存入银行。

【业务 15-1】

湖南省增值税专用发票

43000452021　　**记 账 联**　　№ 00087254

此联不作报销、扣款凭证使用

开票日期：　年　月　日

购货单位	名称： 纳税人识别号： 地址、电话： 开户行及账号：		密码区	2489—1<9—7—61896284 8<032/52>9/29533-4974 1626<8-3024>82906-2 -47-6<7>2*—/>*>6	加密版本 01 43000452021 00087254

货物或应税劳务名称	规格型号	单位	数量	单价	金额	税率	税额
合　计							
价税合计（大写）					（小写）¥		

销货单位	名称： 纳税人识别号： 地址、电话： 开户行及账号：		备注	湘丰制造有限公司 431302789022218 发票专用章

第一联：记账联　销货方记账凭证

收款人：　　复核：　　开票人：　　销货单位（章）

【业务 15-2】

中国工商银行进账单（收账通知）

年　月　日　　　　　　　　　　　　　　　　　　　第　号

付款人	全　称		收款人	全　称	工商银行娄底支行 2014.12.15 转讫
	账　号			账　号	
	开户银行			开户银行	

人民币（大写）	千	百	十	万	千	百	十	元	角	分

票据种类		收款人开户银行盖章
票据张数		
单位主管　会计　复核　记账		年　月　日

此联是银行交收款人的收账通知

16．12 月 15 日，从明光公司购进棉布 4 000 米，单价 9.9 元，货款计 39 600 元，明光公司代垫运杂费 400 元，增值税税额 6 732 元，材料按实际成本转账，货款未付。

【业务 16-1】

湖南省增值税专用发票

43000452021　　　　　发 票 联　　　　　№ 00015641

开票日期：2014 年　12 月 15　日

购货单位	名　　称：	湘丰制造有限公司	密码区	2489—1<9—7—61896284　加密版本 01
	纳税人识别号：	431302789022218		8<032/52>9/29533-4974　43000204521
	地 址、电 话：	娄底市育才路 8 号，0738-6228779		1626<8-3024>82906-2　00017654
	开户行及账号：	工商银行娄底支行，1913010109024569896		-47-6<7>2*—/>*>6

货物或应税劳务名称	规格型号	单位	数量	单价	金　额	税率	税　额
棉布		米	4000	9.9	39600.00	17%	6732
合　计					￥39600.00		￥6732
价税合计（大写）	肆万陆仟叁佰叁拾贰元整				（小写）￥46332.00		

销货单位	名　　称：	明光公司	备注	娄底市明光公司 发票专用章
	纳税人识别号：	431108300100234		
	地 址、电 话：	娄底市竹风路，0738-8361636		
	开户行及账号：	工商银行娄底支行，1906654500200768952		

收款人：　　　复核：　　　开票人：　　　销货单位（章）

第三联：发票联　购货方记账凭证

【业务 16-2】

收 料 单

供应单位： 2014 年 12 月 15 日 编号：1011

发票号码： 仓库：一仓库

规格	材料名称	编号	数量		实际价格（元）													
			应收	实收	单位	单价	发票金额	运杂费	合计									
									千	百	十	万	千	百	十	元	角	分
	棉布		4000	4000			39600.00	400.00				4	0	0	0	0	0	0
备注				验收人盖章					合计 40000.00									

第二联：会计部门

采购人： 检验员： 记账员： 保管员：李五

【业务 16-3】

湖南省公路运费发票

湖南

发货单位：娄底市明光公司 2014 年 12 月 15 日 № 005674

发 站	娄底站		到 站	星城站
货物名称	件 数	包 装	数 量	计费数量
棉布			4000 米	4000 米
类 别	费 率	数 量	金 额	附 记
运杂费		4000 米	400.00	
合计金额（大写）：肆佰元整			¥400.00	
收货单位：湘丰制造有限公司	经办人：安宁			

收款单位盖章（未盖章无效） 会计：周新 复核：李五 开票：冯兵

17．12月17日，签发支票支付娄底华美修理厂汽车修理费8 950元。

【业务17-1】

中国工商银行
转账支票存根（湘）

$\frac{B}{0}\frac{G}{2}$00930302

科　　目：__________

对方科目：__________

出票日期 2014年 12月 17日

收款人：	华美修理厂
金　额：	¥8950.00
用　途：	付修理费

单位主管　　会计

复　　核　　记账

【业务17-2】

1430002043031

湖南省娄底市修理修配发票

№ 00001228

客户：湘丰制造有限公司　　2014年 12月 17日　　地址：时代路128号

工作单位		修理类别		车牌型号		入厂：　年　月　日						
牌照号码		车　别		送修人		出厂：　年　月　日						
计　费　项　目						万	千	百	十	元	角	分
修理工时费附结算明细表　张　号							8	9	5	0	0	0
配件材料费附结算明细表　张　号												
配件、材料管理费附清单												
合　计						¥	8	9	5	0	0	0
合计金额（大写）	人民币捌仟玖佰伍拾元整											

开票人：宋　　收款单位章（未盖章无效）

18．12 月 22 日，以银行存款支付娄底市电视台产品广告费 8 500 元。

【业务 18-1】

中国工商银行

转账支票存根（湘）

$\frac{B}{0}$ $\frac{G}{2}$00930304

科　　目：＿＿＿＿＿

对方科目：＿＿＿＿＿

出票日期 2014年 12月 22日

收款人：	娄底市电视台
金　额：	¥8500.00
用　途：	付广告费

单位主管　　　会计

复　　核　　　记账

【业务 18-2】

娄底劳务（服务）收入发票　　　　№0001034

客户：湘丰制造有限公司　　　2014年 12月 22日

开户银行：	建行东城分理处
账号：	19000650300124 23004

项　目	规格	单位	数量	金　额							备　注
				万	千	百	十	元	角	分	
广告宣传费					8	5	0	0	0	0	
金额（大写）：人民币捌仟伍佰元整				¥	8	5	0	0	0	0	

（印章：娄底市电视台 发票专用章）

收款单位盖章（未盖章无效）　　开票人：刘文　　收款人：彭丽

19．12 月 23 日，银行转来胜利工厂（开户行：中国建设银行宝庆市支行，账号：658472365149521，地址、电话：宝庆市东风路 453 号，0739-6523478，纳税人识别号：432105856478952）托收凭证，采购涤纶 1 000 米，单价 4.8 元，计 4 800 元，税额 816 元，购入丝绸 400 米，单价 31.8 元，计 12 720 元，税额 2 162.4 元，胜利工厂代垫运杂费 280 元，款项全部承付，运费按数量比例进行分配。

【业务 19-1】

湖南省增值税专用发票

发　票　联

43000452021　　　　　　　　　　№ 00054789

开票日期：　　年　　月　　日

购货单位	名　　称： 纳税人识别号： 地　址、电　话： 开户行及账号：		密码区	2489—1<9—7—61896284　加密版本 01 8<032/52>9/29533-4974　43000204521 1626<8-3024>82906-2　00054789 -47-6<7>2*—/>*>6

货物或应税劳务名称	规格型号	单位	数量	单价	金　额	税率	税　额
合　计							
价税合计（大写）				（小写）¥			

销货单位	名　　称： 纳税人识别号： 地　址、电　话： 开户行及账号：		备注	

收款人：　　　复核：　　　开票人：　　　销货单位（章）

第三联：发票联　购货方记账凭证

【业务 19-2】

湖南省公路运费发票

发货单位：宝庆市胜利工厂　　　2014年12月23日　　　№ 007986

发　站	宝庆站		到　站	星城站
货物名称	件　数	包　装	数　量	计费数量
涤纶			1000 米	
丝绸			400 米	
类　别	费　率	数　量	金　额	附　记
运杂费		1400 米	280.00	
合计金额（大写）：人民币贰佰捌拾元整			¥ 280.00	
收货单位：湘丰制造有限公司　经办人：张雨				

收款单位盖章（未盖章无效）　会计：肖明明　复核：陈胜家　开票：马力

【业务 19-3】

中国工商银行托收凭证（付款通知）5

第 0880657 号

委托时间：　　年　月　日

付款人	全　称		收款人	全　称								
	账　号			账　号								
	开户银行			开户银行								
托收金额	人民币（大写）		千	百	十	万	千	百	十	元	角	分
附件		商品发运情况				合同名称号码						
附寄单证张数或册数		4										
备注		款项收妥日期				收款人开户银行盖章						

工商银行
2014.12.23
转讫

单位主管：　　会计：　　复核：　　记账：

【业务 19-4】

费用分配表

年　月　日　　　　单位：元

材料名称	分配标准（米）	分配率	金额
涤纶	1000		
丝绸	400		
合　计	1400		280.00

会计主管：　　记账：　　出纳：　　制单：

20．12 月 24 日，向本市海利实业公司（开户行：中国工商银行星城支行，账号：641040102135186，地址、电话：星城市光大路 88 号，0731-7565385，纳税人识别号：430035437226124）销售涤纶 1 000 米，单价 8 元，计 8 000 元，增值税税额 1 360 元，款项暂未收到。

【业务 20】

湖南省增值税专用发票

记账联

4300034152　　　　No 00012132

此联不作报销、扣税凭证使用　　开票日期：　年　月　日

购货单位	名　　称： 纳税人识别号： 地址、电话： 开户行及账号：			密码区	2489—1<9—7—61896284 8<032/52>9/29533-4974 1626<8-3024>82906-2 -47-6<7>2*—/>*>6	加密版本 01 4300020452 00012132	
货物或应税劳务名称	规格型号	单位	数量	单价	金　额	税率	税　额
合　计							
价税合计（大写）				（小写）¥			
销货单位	名　　称： 纳税人识别号： 地址、电话： 开户行及账号：			备注	湘丰制造有限公司 431302789022218 发票专用章		

收款人：　　复核：　　开票人：　　销货单位（章）

第一联：记账联　销货方记账凭证

21．12 月 25 日，仓库转来验收单，从胜利工厂购进的涤纶 1 000 米，丝绸 400 米，验收入库。

【业务 21】

收　料　单

供应单位：　　　　编号：1012

发票号码：　　2014 年 12 月 25 日　　仓库：一仓库

规格	材料名称	编号	数量		实际价格（元）				合计									
			应收	实收	单位	单价	发票金额	运杂费	千	百	十	万	千	百	十	元	角	分
	涤纶		1000	1000	米		4800.00	200.00					5	0	0	0	0	0
	丝绸		400	400	米		12720	80.00				1	2	8	0	0	0	0
备注			验收人盖章		李　金		合计 17800.00											

采购员：　　检验员：　　记账员：　　保管员：李玉

第二联：会计部门

22．12 月 25 日，在销售产品过程中，领用丝绸 30 米，实际成本 960 元。

【业务 22】

湘丰制造有限公司发出材料汇总表

2014 年 12 月 25 日　　　　单位：元

领用部门及用途		涤纶			棉布			丝绸			合计
		数量	单价	金额	数量	单价	金额	数量	单价	金额	
基本生产	儿童背心										
	男式背心										
车间耗用											
管理部门											
销售部门								30		960.00	960.00
合计								30		960	960.00

会计主管：　　记账：　　保管员：李玉　　制表：

23．12 月 27 日，开出信汇凭证偿还前欠明光公司货款 46 732 元。

【业务 23】

中国工商银行信汇凭证（回单）

委托日期：　年　月　日　　　　第 002457 号

汇款人	全称			收款人	全称			
	账号				账号			
	汇出地点		汇出行名称		汇入地点		汇入行名称	
人民币（大写）					百 十 万 千 百 十 元 角 分			
汇款用途：								
上列款项已根据委托办理，如需查询，请持此回单来行面洽。 单位主管　会计　复核　记账			收款人开户银行盖章 年　月　日		（汇出行盖章）			

工商银行娄底支行
2014.12.27
转讫

此联是付款单位向开户银行支付货款的支付凭证

24．12 月 28 日，支付自来水公司 11 月水费。

【业务 24-1】

委托收款凭证（付款通知）

委电　　　　　　　　　　　　　　　　　　　　　　委托号码：第 05438 号

委托日期：2014年 12月 27日　　　　付款日期：　年　月　日

付款人	全称	湘丰制造有限公司	收款人	全称	娄底自来水公司
	账号	1913010109024569896		账号	786105246638954
	开户银行	工商银行娄底支行		开户银行	建行　行号 07
委收金额	人民币（大写）	贰万零叁佰肆拾元整		千百十万千百十元角分	¥ 2 0 3 4 0 0 0
款项内容	水费	委托收款凭证名称		附寄单证张数	1
备注：	电划	付款人注意：1. 应于见票当日通知开户行划款。2. 如需拒付，应在规定的期限内，将拒付理由书并附债务证明退交开户行。			

此联为付款人开户行给付款人按期付款的通知

中国建设银行芙蓉路支行　2014.12.28　业务章

单位主管：　　会计：　　复核：　　记账：　　付款人开户行收到日期：2014年 12月 28 日

【业务 24-2】

湖南省增值税专用发票

发票联

43000202425　　　　　　　　　　　　　　　　　　No　00011164

开票日期：2014 年 12 月 25 日

购货单位	名称：湘丰制造有限公司 纳税人识别号：431302789022218 地址、电话：娄底市育才路 8 号，0738-6228779 开户行及账号：工商银行娄底支行，1913010109024569896			密码区	2489—1<9—7—61896284 8<032/52>9/29533-4974 1626<8-3024>82906-2 -47-6<7>2*—/>*>6	加密版本 01 43000202425 00011164	
货物或应税劳务名称	规格型号	单位	数量	单价	金额	税率	税额
水		吨	18000	1.00	18000.00	13%	2340.00
合计					¥18000.00		¥2340.00
价税合计（大写）	贰万零叁佰肆拾元整			（小写）¥20340.00			
销货单位	名称：娄底自来水公司 纳税人识别号：430478521423554 地址、电话：体育路 8 号，0731-8652348 开户行及账号：建行体育路分理处，786105246638954			备注			

第三联：发票联　购货方记账凭证

娄底自来水公司　水费结算章

收款人：　　复核：　　开票人：王明　　销货单位（章）

【业务 24-3】

水费分配表

2014 年 12 月 27 日

部门	分配标准（吨）	分配率	分配金额（元）
生产车间	11000	1.0	
行政管理部门	7000	1.0	
合　计	18000		

会计主管：　　　　记账：　　　　制表：

25．12 月 15 日，收到银行转来电力公司托收凭证，付讫电费 14 625 元。

【业务 25-1】

委托收款凭证（付款通知）

委电　　　　　　　　　　　　　　　　　　委托号码：06213

委托日期：2014年 12月 25日　　　　付款日期：　　年　　月　　日

付款人	全　称	湘丰制造有限公司	收款人	全　称	娄底市电力公司
	账　号	1913010109024569896		账　号	052457861466389
	开户银行	工商银行娄底支行		开户银行	娄底市建设银行月塘支行　行号 07

委收金额	人民币（大写）	壹万肆仟陆佰贰拾伍元整	千	百	十	万	千	百	十	元	角	分
					¥	1	4	6	2	5	0	0

款项内容	电费	委托收款凭证名称		附寄单证张数	1

备注：	电划	付款人注意：1. 应于见票当日通知开户行划款。 2. 如需拒付，应在规定的期限内，将拒付理由书并附债务证明退交开户行。

（印章：中国建设银行芙蓉路支行 2014.12.25 业务章）

此联为付款人开户行给付款人按期付款的通知

单位主管：　　会计：　　复核：　　记账：　　　　付款人开户行收到日期：2014年 12月 25日

【业务 25-2】

湖南省增值税专用发票

发票联

43000204521　　　　　　　　　　　　　　　　№ 00017654

开票日期：2014 年 12 月 25 日

购货单位		密码区	
名　　称：	湘丰制造有限公司	2489—1<9—7—61896284	加密版本 01
纳税人识别号：	431302789022218	8<032/52>9/29533-4974	43000204521
地 址、电 话：	娄底市育才路 8 号，0738-6228779	1626<8-3024>82906-2	00017654
开户行及账号：	工商银行娄底支行，1913010109024569896	-47-6<7>2*—/>*>6	

货物或应税劳务名称	规格型号	单位	数量	单价	金　额	税率	税　额
电		度	25000	0.5	12500.00	17%	2125.00
合　计					¥12500.00		¥2125.00
价税合计（大写）	壹万肆仟陆佰贰拾伍元整				（小写）¥14625.00		

销货单位		备注
名　　称：	娄底电力公司	娄底市电力公司 电费专用章
纳税人识别号：	430235543554785	
地 址、电 话：	建设路 87 号，0738-5238648	
开户行及账号：	娄底市建行月塘支行，052457861466389	

收款人：　　　　复核：　　　　开票人：李立　　　　销货单位（章）

第三联：发票联　购货方记账凭证

【业务 25-3】

电 费 分 配 表

2014 年 12 月 25 日　　　　　　　　　　　　单位：元

部　　门	分配标准（吨）	分　配　率	分配金额
生产车间	14000	0.5	
行政管理部门	10000	0.5	
营销部门	1000	0.5	
合　计	25000		

会计主管：　　　　记账：　　　　制表：

26．12月20日，支付银行短期借款利息。

【业务26】

中国工商银行存（贷）款利息回单

币种：人民币（本位币）　　　　2014年12月20日　　　　单位：元

付款人	户名	湘丰制造有限公司	收款人	户名	201010
	账号	1913010109024569896		账号	1903021250006300012
实收（付）金额		2360.00	计息户账号		1903021250010200302
借据编号			借据序号		
备注	起息日期	止息日期	积数/息余	利率	利息
					2360.00
	调整利息：0.00		冲正利息：0.00		
	应收（付）利息合计：2360.00				

备注：已预提利息1572元。

27．12月29日，收到转账支票一张，系本月份门面租金收入2 400元，存入银行。

【业务27-1】

湖南省娄底市往来结算统一凭据

2430002040018

记账联

№ 00015647

付款单位（人）：　　　　2014 年 12 月 29 日　　　　地址：

交款项目	金额 百	十	万	千	百	十	元	角	分	备注
				2	4	0	0	0	0	
			¥	2	4	0	0	0	0	
合计金额(大写)：贰仟肆佰元整										
说明：										

收款单位记账凭证

单位财务专用章（未盖章无效）　　开票人：　　收款人：

【业务 27-2】

中国工商银行进账单（收账通知）

2014 年 12 月 28 日　　　　第　号

付款人			收款人		
付款人	全　称	李　文	收款人	全　称	湘丰制造有限公司
	账　号	303101998075871		账　号	1913010109024569896
	开户银行	娄底市建行长青路支行		开户银行	工商银行娄底支行

人民币（大写）	百	十	万	千	百	十	元	角	分
人民币（大写）贰仟肆佰元整				2	4	0	0	0	0
票据种类		收款人开户银行盖章							
票据张数									
单位主管　会计　复核　记账		年　月　日							

工商银行娄底支行 2014.12.29 转讫

此联是银行交收款人的收账通知

28．12 月 30 日，根据工资汇总表，签发转账支票一张，金额为 79 200 元，发放工资。

【业务 28-1】

2014 年 12 月份工资发放汇总表

发放日期：2014年 12月 30日　　　　单位：元

车间、部门		基本工资	津　贴	应发工资	实发工资
生产车间	生产儿童背心工人工资	24000.00	4000.00	28000.00	28000.00
	生产男式背心工人工资	22000.00	3600.00	25600.00	25600.00
车间管理人员		8000.00		8000.00	8000.00
公司管理人员		11200.00		11200.00	11200.00
销售人员		6400.00		6400.00	6400.00
合　计		71600.00	7600.00	79200.00	79200.00

会计主管：李菲　　　　复核：赵科　　　　制单：李珊

【业务 28-2】

中国工商银行

转账支票存根（湘）

$\frac{B}{0}\frac{G}{2}$10255059

科　　目：________

对方科目：________

出票日期 2014年 12月 30日

收款人：	本单位工资户
金　额：	¥79200.00
用　途：	发工资

单位主管　　　会计

复　　核　　　记账

29．计算本月应交营业税、城建税、教育费附加。

【业务 29】

应交税费及附加计算表

年　月　日

项　　目	计税依据	计税金额	计算标准	应交税额
应交增值税	销项税额			
	进项税额			
应交营业税	其他业务收入		5%	
应交城建税	应交增值税税额		7%	
应交教育费附加	应交营业税税额		4.5%	

会计主管：　　　　　记账：　　　　　制表：陈浩

30．12 月 31 日，根据“工资分配汇总表”分配工资。

【业务 30】

2014 年 12 月份工资分配汇总表

编制日期：2014年 12月 31日　　单位：元

车间、部门		基本工资	津　贴	应发工资	实发工资
生产车间	生产儿童背心工人工资	24000.00	4000.00	28000.00	28000.00
	生产男式背心工人工资	22000.00	3600.00	25600.00	25600.00
车间管理人员		8000.00		8000.00	8000.00
公司管理人员		11200.00		11200.00	11200.00
销售人员		6400.00		6400.00	6400.00
合　计		71600.00	7600.00	79200.00	79200.00

复核：赵科　　制单：刘荣

31．12 月 31 日，根据“固定资产折旧计算表”提取固定资产折旧费 8 200 元。

【业务 31】

固定资产折旧计算表

2014年 12月 31日　　单位：元

项　目	固定资产类别	固定资产月初原值	月折旧率	月折旧额
基本生产车间	房　屋	500000.00	0.3%	
	机器设备	1000000.00	0.47%	
行政管理部门	房　屋	400000.00	0.3%	
	机器设备	100000.00	0.8%	
合　计		2000000.00		

会计主管：　　记账：　　制表：陈浩

32．12 月 31 日，根据“制造费用分配表”结转制造费用。

【业务 32】

制造费用分配表

年　月　日　　单位：元

分配对象	分配标准（工时）	分配率	分配金额
儿童背心	2600		
男式背心	1400		
合　计	4000		

会计主管：　　记账：　　制表：陈浩

33．12 月 31 日，根据“完工产品成本计算单”结转本月完工产品成本（儿童背心 6 206 件全部完工，男式背心 2 184 件全部完工）。

【业务 33】

完工产品成本计算单

年　月　日　　　　单位：元

成本项目	儿童背心（6206 件）		男式背心（2184 件）	
	总成本	单位成本	总成本	单位成本
直接材料				
直接人工				
其他直接支出				
制造费用				
合　计		15		25

会计主管：　　记账：　　制表：陈浩

34．12 月 31 日，结转本月发出产品成本。

【业务 34】

已销产品成本计算单

年　月　日　　　　单位：元

产品名称	计量单位	月初结存		本月入库		本月销售		期末结存	
		数量	总成本	数量	总成本	数量	总成本	数量	总成本
儿童背心	件	1200	18000.00						
男式背心	件	600	15000.00						
合　计			33000.00						

会计主管：　　记账：　　制表：

35．12月31日，企业进行盘点，发现短缺涤纶500米，单价5元。报经相关部门批准后作如下处理：正常损耗5米列作管理费用，另495米为非正常损失，其中，向保险公司索赔320米，要求保管员李玉赔偿50米，其他损失作营业外支出。

【业务35】

湘丰制造有限公司财产物资盘盈盘亏报告单

类别：　　　计量单位：米　　　　　　年　月　日　　　　　　金额单位：元

编号	名　称	实　存		账　存		盘　盈		盘　亏		备　注
		数量	金额	数量	金额	数量	金额	数量	金额	
	涤纶							500	1000	

短缺原因：人为事故　　　　　　　审批意见：同意

（印章：湘丰制造有限公司 431302789022218 财务专用章）

生产副厂长：朱一凡（章）

主管：　　　　　会计：　　　　　制表：

36．12月31日，收到玉辉棉纺厂因违反购销合同而支付的赔款6 000元。

【业务36】

中国工商银行进账单（收账通知）

2014年12月31日　　　　　　　　　　第　号

付款人	全　称	玉辉棉纺厂	收款人	全　称	湘丰制造有限公司
	账　号	43001540069052501166		账　号	1913010109024569896
	开户银行	建行育才支行		开户银行	工行娄底支行

人民币（大写）陆仟元整	百	十	万	千	百	十	元	角	分
			¥	6	0	0	0	0	0

票据种类	转账支票	收款人开户银行盖章
票据张数	1	
单位主管　会计　复核　记账		年　月　日

（印章：工商银行娄底支行 2014.12.31 转讫）

此联是银行交收款人的收账通知

37．12月31日，开出转账支票1 000元，捐赠给本市希望工程。

【业务37-1】

中国工商银行

转账支票存根（湘）

$\frac{B}{0}\frac{G}{2}$00930306

科　　目：________

对方科目：________

出票日期 2014年 12月 31日

收款人：	中国青基会娄底站
金　额：	¥1000.00
用　途：	捐赠

单位主管　　　会计

复　　核　　　记账

【业务37-2】

湖南省事业性收费收款收据

交款单位：湘丰制造有限公司　　　2014年 12 月 31 日　　　№ 0233268

收费项目	收费标准	金额									
		千	百	十	万	千	百	十	元	角	分
						1	0	0	0	0	0
					¥	1	0	0	0	0	0
合计金额（大写）壹仟元整											

收款单位盖章（未盖章无效）　　　会计主管：　　　收款人：

38．12月31日，结转销售材料的实际成本5 000元。

【业务38】

材料销售成本计算表

2014年 12月 31日

材料名称	计量单位	数　量	单　价	金　额

主管：　　　会计：　　　制表：

39．12 月 31 日，将本月损益类账户结转至本年利润。

【业务 39】

企业损益类账户余额表

年　月　日

项　目	金　额
主营业务收入	
主营业务成本	
营业税金及附加	
其他业务收入	
其他业务成本	
营业外收入	
营业外支出	
管理费用	
销售费用	
财务费用	
	合　计

40．12 月 31 日，根据利润总额按所得税税率 25%计算应交所得税额（假设没有纳税调整项目）。

【业务 40】

应交所得税额

2014年 12月 31日　　单位：元

项　目		税　率	金　额
利润总额			
纳税调整项目	1.		
	2.		
	3.		
	4.		
应纳税所得额			
应纳所得税额		25%	

复核：陈珊　　制表：李小丽

41．【业务 41】将全年实现的净利润转入利润分配。

42．12 月 31 日，按净利润的 10%提取法定盈余公积，按净利润的 5%提取任意盈余公积金，向投资者分配利润 10 万元。

【业务 42】

利润分配表

年 月 日

摘 要	金 额（元）
一、全年实现利润总额	
应交所得税	
已交所得税	
二、税后利润	
三、分配情况	
提取法定盈余公积	
提取任意盈余公积	
向投资者分配利润	
四、未分配利润	

43．12 月 31 日，结转已分配利润。

【业务 43】

利润分配有关明细账户结转表

年 月 日

项 目	利润分配（未分配利润）	合 计
利润分配	盈余公积	
	应付利润	
	未分配利润	
合 计		

【业务要求】

1．根据实训资料表 8-1 开设总账，并登记期初余额。

2．根据实训资料表 8-1～表 8-4 开设现金日记账、银行存款日记账、原材料、生产成本、库存商品、其他应收款、应收账款、应付账款等明细账（其他明细账略）。

3．根据本任务实训资料填制并审核相关原始凭证。

4．根据原始凭证编制通用记账凭证。

5．根据记账凭证逐笔登记现金日记账和银行存款日记账。

6．根据记账凭证及原始凭证登记有关明细账。

7．根据记账凭证每 10 天汇总编制科目汇总表。

8．根据科目汇总表登记总账。

9．对账：月终，进行账账、账证、账实核对。

10．结账：进行结账，包括月结和年结。

11．编制“资产负债表”。

12．编制 12 月和 2014 年年度利润表。

13．按要求将凭证和报表整理，加具封面，装订成册。

附录A　技能综合测试题（第一套）

考试时量：60分钟

一、测试要求

（一）完成下列账户的设置登记及结账工作（结账时必须结出本月合计）（15分）

1．“银行存款”日记账。（8分）

2．“库存商品——电焊机”明细账。（7分）

（二）根据本期发生的经济业务填制审核会计凭证（45分）

1．根据业务1补充填写空白的原始凭证（借支单）。（5分）

2．根据业务1至业务10编制记账凭证，其中“应交税费——应交增值税”、“原材料”、“其他应收款”、“库存商品”填写明细科目，其他科目可以不填写明细科目，记账凭证要素应填写齐全。（40分）

（三）编制科目汇总表（20分）

（四）整理装订会计资料（10分）

1．以制单员的身份整理装订会计凭证并填写凭证封面。

2．未装订的单据与日记账、明细账、总账一起按顺序整理、夹好，并和记账凭证一并装于档案袋中。

（五）职业素养（10分）

1．会计书写规范。

3．考试结束后，注意用具摆放整齐，保持桌面及周围环境的整洁。

二、考试资料

（一）企业基本情况

企业名称，所属行业	娄底光明电焊机公司，制造业
主要业务，产品类型	生产电焊机一种产品
联系电话，单位地址	0738-82242068（兼传真），娄底市芙蓉路118号
法人代表及联系电话	刘彬，0738-82223318（兼传真）
注册资金，记账本位币	10万元，人民币（RMB）
开户银行，账号	中国建设银行芙蓉路支行，4367055506660888216
纳税人识别号	430102050678168
适应税率（附加率）	增值税税率17%，企业所得税税率25%
主要会计岗位及人员	李强（会计主管），陈可（记账），李林（审核），张莉（制单），赵海（出纳）
组织机构	财务部、管理部、销售部、生产部、技术部

（二）娄底光明电焊机公司 2014 年 8 月 31 日总账账户余额表

总账账户余额表

金额：元

科目名称	方向	余　额	科目名称	方向	余　额
库存现金	借	1000.00	累计折旧	贷	60000.00
银行存款	借	160000.00	应交税费	贷	5000.00
原材料	借	6000.00	实收资本	贷	100000.00
库存商品	借	18000.00	本年利润	贷	120000.00
固定资产	借	100000.00			
合计	借	285000.00	合计	贷	285000.00

（三）明细账资料

1．“库存商品”明细账

商品名称	计量单位	单位成本（元/千克）	数量	金额
电焊机	台	6000.00	3	18000.00
合计				18000.00

（四）2014 年 9 月发生以下经济业务

【业务 1-1】

2014 年 9 月 3 日，管理部门王敏因公出差借款 500 元，以现金支付。要求：填写借款单。

借　款　单

__年__月__日

借款单位		借款人	
借款事由			
金额	人民币	￥____ 现金付讫	

会计主管：　　　　出纳：　　　　领款人：

【业务 2-1】

湖南省增值税专用发票

发 票 联

4300102326 №　00218856

开票日期：2014年9月6日

购货单位			密码区		
购	名　　称：	娄底光明电焊机公司	密	2488－1<9－7－61596274	加密版本：01
货	纳税人识别号：	430102050678168	码	8 ＜ 032/52 ＞ 9/29536 －	4300102326
单	地址、　电话：	娄底市芙蓉路118号，0738-82242068	区	49741626<8－3024>82906－	00218856
位	开户行及账号：	建设银行芙蓉路支行，4367055506660888216		2－47－6<7>2*－/>*>6/	

货物或应税劳务名称	规格型号	单位	数量	单价	金额	税率	税额
钢板	3MM	千克	100	200.00	20000.00	17%	3400.00
合　计					¥20000.00		¥3400.00
价税合计（大写）	⊗贰万叁仟肆佰元整				（小写）¥23400.00		

销货单位			备注
销	名　　称：	娄底湘江物资公司	备
货	纳税人识别号：	430102014584862	
单	地址、　电话：	娄底市五一路66号，0738-82875128	注
位	开户行及账号：	工行五一路分理处，9558801901104809049	娄底湘江物资公司 财务专用章

收款人：邱响　　复核：陈林　　开票人：赖立　　销货单位（章）

第三联：发票联 购货方记账凭证

【业务 2-2】

湖南省增值税专用发票

抵 扣 联

4300102326 №　00218856

开票日期：2014年9月6日

购货单位			密码区		
购	名　　称：	娄底光明电焊机公司	密	2488－1<9－7－61596274	加密版本：01
货	纳税人识别号：	430102050678168	码	8 ＜ 032/52 ＞ 9/29536 －	4300102326
单	地址、　电话：	娄底市芙蓉路118号，0738-82242068	区	49741626<8－3024>82906－	00218856
位	开户行及账号：	建设银行芙蓉路支行，4367055506660888216		2－47－6<7>2*－/>*>6/	

货物或应税劳务名称	规格型号	单位	数量	单价	金额	税率	税额
钢板	3MM	千克	100	200	20 000.00	17%	3400.00
合计					¥20000.00		¥3400.00
价税合计（大写）	⊗贰万叁仟肆佰元整				（小写）¥23400.00		

销货单位			备注
销	名　　称：	娄底湘江物资公司	备
货	纳税人识别号：	430102014584862	
单	地址、　电话：	娄底市五一路66号，0738-82875128	注
位	开户行及账号：	工行五一路分理处，9558801901104809049	娄底湘江物资公司 财务专用章

收款人：邱响　　复核：陈林　　开票人：赖立　　销货单位（章）

第二联 抵扣联 购货方抵扣凭证

【业务 2-3】

中国建设银行

转账支票存根（湘）

$\frac{B}{0}\frac{G}{2}$00930329

科　　目：________

对方科目：________

出票日期　2014年9月6日

收款人：	娄底湘江物资公司
金　额：	¥23400.00
用　途：	支付购钢板款

单位主管：李强　　会计：陈可

复　　核　　　　记账

【业务 2-4】

收　料　单

供应单位：娄底湘江物资公司　　　　编　　号：028

发票号码：00238866　　　　2014年9月6日　　　　仓库：一仓库

规格	材料名称	编号	数量		实际价格（元）													
			应收	实收	单位	单价	发票金额	运杂费	合计									
									千	百	十	万	千	百	十	元	角	分
3MM	钢板		100	100	千克	200	20000.00					2	0	0	0	0	0	0
备　注				验收人盖章	杨　凡				合计¥20000.00									

第二联：会计部门

审核　李林　　　　制单　张莉

【业务 3-1】

差旅费报销单

单位名称：娄底光明电焊机公司　　　填报日期2014年9月10日　　　单位：元

姓名		王敏	职级	办公室主任		出差事由	因公出差	出差时间	计划3天 实际3天	备注
日期		起止地点		车、船票		其他费用				
月	日	起	止	类别	金额	项目		标准	计算天数	核报金额
9	3	娄底	长沙	车	100.00	住宿费	包干报销	100.00	2	200.00
9	6	长沙	娄底	车	100.00		限额报销			
						伙食补助费		10.00	3	30.00
						车船补助费				
						其他杂支				
小　计					200.00	小　计				230.00
总计金额		人民币肆佰叁拾元整				预支 500.00　核销 430.00　退还 70.00				

主管：李强　　部门：管理部门　　审核：李林　　填报人：王敏

【业务 3-2】

收 据

2014 年 9 月 10 日　　　　第　　号

今收到 王敏								
人民币（大写）：柒拾元正	万	千	百	十	元	角	分	
			¥	7	0	0	0	
事由：交来借支差旅费余额	现金 支票　　号							
收款单位		财务负责人		收款人 赵海				

第三联：收据

现金收讫

【业务 4-1】

湖南省增值税专用发票

记 账 联

43000452067　　　　No 00069785

此联不作报销、扣税凭证使用

开票日期：2014 年 9 月 23 日

购货单位	名称： 纳税人识别号： 地址、电话： 开户行及账号：	娄底鹏辉修理公司 430901506093362 湖南津市车胤大道 48 号，0738-8230580 建行长青支行，4367056753846863218			密码区	2488−1<9−7−615962748< 032/52>9/29536−4984 1626<8−3043>82906−2−47 −6<7>2*−/>*>6/	加密版本：01 4300108678 01022239
货物或应税劳务名称	规格型号	单位	数量	单价	金额	税率	税额
电焊机		台	2	10000.00	20000.00	17%	3400.00
合计					¥20000.0020		¥3400.00
价税合计（大写）	⊗贰万叁仟肆佰元整				（小写）¥23400.00		
销货单位	名称： 纳税人识别号： 地址、电话： 开户行及账号：	娄底光明电焊机公司 430102050678168 娄底市芙蓉路 118 号，0738-82242068 建设银行芙蓉路支行，4367055506660888216			备注		

收款人：赵海　　复核：李林　　开票人：陈可　　销货单位（章）

第一联 记账联 销货方记账凭证

娄底光明电焊机公司 财务专用章

【业务 4-2】

中国建设银行进账单（收账通知）

币种：人民币　　　　2014年 9月 23 日　　　　第 0001589号

收款人	全称	娄底光明电焊机公司		付款人	全称	娄底鹏辉修理公司						
	账号	4367055506660888216			账号	4367056753846863218						
	开户银行	建设银行芙蓉路支行			开户银行	建行长青支行						
人民币（大写）贰万叁仟肆佰元整				千	百	十	万	千	百	十	元	角	分
						¥	2	3	4	0	0	0	0
票据种类		用途		收款人开户银行盖章									
票据张数													
单位主管：李强 会计：陈可 复核：李林 记账：陈可													

中国建设银行芙蓉路支行 2014.09.23 业务章

【业务 4-3】

销售商品发货单

购货单位：长沙鹏辉修理公司　　　　2014 年 9 月 23 日

货号	名称	单位	数量	单价	金额							
					十	万	千	百	十	元	角	分
	电焊机	台	2	10000.00		2	0	0	0	0	0	0
合计												

销售部门负责人：赵荔　　　　发货人：王靖

【业务 5-1】

发料凭证汇总表

2014 年 9 月 30 日　　　　单位：元

领料部门	钢板（材料）			合计
	数量（张）	单价	金额	
产品生产	50	200.00	10000.00	10000.00
车间一般消耗	30	200.00	6000.00	6000.00
厂部管理部门	20	200.00	4000.00	4000.00
合　计	100		20000.00	20000.00

【业务 6-1】

固定资产折旧计算表

2014 年 9 月 30 日　　　　单位：元

使用部门或用途	月初固定资产原值	月折旧率	月折旧额
生产车间	60000.00	0.6%	360.00
厂部管理部门	40000.00		240.00
合　计	100000.00		600.00

会计主管：李强　　复核：李林　　记账：陈可　　制单：张莉

【业务 7-1】

已销产品成本计算表

2014 年 9 月 30 日　　　　单位：元

产品名称	计量单位	销售数量	单位成本	总成本
电焊机	台	2	6000.00	12000.00
合计				12000.00

会计主管：李强　　审核：李林　　制表：张莉

【业务 8-1】

工资费用分配表

2014 年 9 月 30 日　　　　单位：元

应借科目	直接计入	分配计入			工资费用合计
		生产工时	分配率	分配金额	
生产成本	60000				60 000
管理费用	15 000				15 000
销售费用	5 000				5 000
合　计	80 000				80 000

人资处主管：刘亮　　审核：张红　　制表：王明　　会计主管：李平　　核算：彭军

【业务 9-1】

中国工商银行转账支票（湘）

本支票付款期限十天

出票日期（大写）：贰零壹肆年零玖月叁拾日　　付款行名称：工行雨花路支行

收款人：娄底电焊机公司　　出票人账号：9870228203282034672

人民币（大写）	千	百	十	万	千	百	十	元	角	分
贰万陆仟元整			¥	2	6	0	0	0	0	0

用途：还欠款　　科目（借）

上列款项请从　　对方科目（贷）

我账户内支付　　付讫日期　　年　　月　　日

出票人签章　　出纳　　复核　　记账

湘丰制造有限公司
431302789022218
财务专用章

宁李
印雨

【业务 9-2】

中国工商银行进账单（收账通知）

年　月　日　　　　　　　　　　　　　　　　第　号

付款人	全　称	湘丰制造有限公司	收款人	全　称	娄底电焊机公司
	账　号	9870228203282034672		账　号	43670551506660888216
	开户银行	工行雨花路支行		开户银行	建设银行芙蓉路支行

人民币（大写）贰万陆仟元整	千	百	十	万	千	百	十	元	角	分
				2	6	0	0	0	0	0

票据种类	转支	收款人开户银行盖章
票据张数	1	
单位主管　会计　复核　记账		年　月　日

建设银行芙蓉路支行
2014.12.05
转讫

【业务 10-1】

娄底商业零售企业统一发票

湖南

客户：　　　　　　　　*2014*年 *12*月 *12*日　　　　　　　　№01423256

货号	品名	规格	单位	数量	单价	金额 百	十	元	角	分	备注
	钢笔		支	*5*	*15.00*		*7*	*5*	*0*	*0*	
	圆珠笔		支	*10*	*6.00*		*6*	*0*	*0*	*0*	
	笔记本		支	*20*	*4.00*		*8*	*0*	*0*	*0*	
合计金额（大写）		贰佰壹拾伍元整　￥*215.00*									

发票专用章（未盖章无效）　　开票人：**张立**　　收款人：**陈浩**

娄底市百货公司
发票专用章

【业务 10-2】

娄底电焊机公司现金付讫凭单

2014 年 12 月 12 日　　　　　　　　第　号

付款事由	报销办公用品
金额 （大写）贰佰壹拾伍元整	现金付讫
备注：	

会计主管：　　复核：　　批准部门：　　收款人：

附录B　技能综合测试题（第二套）

考试时量：60分钟

一、注意事项

1．开设账簿时，在“摘要”栏里写“承前页”。

2．考试结束后，注意用具摆放整齐，保持桌面及周围环境的整洁。

二、测试要求

（一）职业素养（10分）

1．会计书写规范。

2．会计档案卷面保持整洁，任务完成后，整齐摆放操作工具及凳子、工作台面整洁。

（二）根据给定的记账凭证开设并登记银行存款日记账、应交税费——应交增值税明细账，并进行月结（20分）

（三）根据给定的记账凭证编制科目汇总表（30分）

（四）开设银行存款总账，根据科目汇总表登记并进行月结（10分）

（五）编制银行存款余额调节表（假定上月：无未达账项，开户银行和本单位的账户记录无差错，银行存款余额完全一致）（30分）

三、考试资料

（一）企业基本情况介绍

企业名称，所属行业	湘丰制造有限公司，制造业
主要业务，主要产品	和泥机
单位地址，电话号码	娄底市育才路8号，0738-6228779
开户行及账号	工商银行娄底支行，1913010109024569896
纳税人识别号	431302789022218
适应税率	增值税税率17%、企业所得税税率25%、城建税7%、教育费附加4.5%
主要会计岗位及人员	陈立（会计主管），吴才（记账员），李小丽（制单），刘平（出纳员）
组织机构	厂办，生产车间，销售部，财务部

（二）湘丰制造有限责任公司 2014 年 9 月发生的部份经济业务如下（假定所有经济业务的记账凭证均审核无误）

记 账 凭 证

2014 年 9 月 2 日　　　　记 字第 1 号

摘要	会计科目		借方金额										贷方金额										记账
	总账科目	明细科目	千	百	十	万	千	百	十	元	角	分	千	百	十	万	千	百	十	元	角	分	（签章）
提现备用	库存现金						3	0	0	0	0	0											
附支票号码	银行存款																3	0	0	0	0	0	
02591326																							
合　计						¥	3	0	0	0	0	0				¥	3	0	0	0	0	0	

附件 1 张

会计主管 陈立　　出纳 刘平　　审核 吴才　　制单 李小丽

记 账 凭 证

2014 年 9 月 2 日　　　　记 字第 2 号

摘要	会计科目		借方金额										贷方金额										记账
	总账科目	明细科目	千	百	十	万	千	百	十	元	角	分	千	百	十	万	千	百	十	元	角	分	（签章）
销售产品	银行存款					5	8	5	0	0	0	0											
附进账单号	主营业务收入															5	0	0	0	0	0	0	
	应交税费	增值税（销）															8	5	0	0	0	0	
合　计					¥	5	8	5	0	0	0	0			¥	5	8	5	0	0	0	0	

附件 3 张

会计主管 陈立　　出纳 刘平　　审核 吴才　　制单 李小丽

记 账 凭 证

2014 年 9 月 10 日　　　　记 字第 3 号

摘要	会计科目		借方金额										贷方金额										记账
	总账科目	明细科目	千	百	十	万	千	百	十	元	角	分	千	百	十	万	千	百	十	元	角	分	（签章）
支付住房	其他应付款					2	1	6	2	5	0	0											
公积金	应付职工薪酬					2	1	6	2	5	0	0											
附转账支票号	银行存款															4	3	2	5	0	0	0	
668945																							
合　　计					¥	4	3	2	5	0	0	0			¥	4	3	2	5	0	0	0	

附件 2 张

会计主管　陈立　　出纳　刘平　　审核　吴才　　制单　李小丽

记 账 凭 证

2014 年 9 月 12 日　　　　记 字第 4 号

摘要	会计科目		借方金额										贷方金额										记账
	总账科目	明细科目	千	百	十	万	千	百	十	元	角	分	千	百	十	万	千	百	十	元	角	分	（签章）
支付前欠货款	应付账款	大明公司				1	6	0	0	0	0	0											
附信汇凭证	银行存款															1	6	0	0	0	0	0	
合　　计					¥	1	6	0	0	0	0	0			¥	1	6	0	0	0	0	0	

附件 1 张

会计主管　陈立　　出纳　刘平　　审核　吴才　　制单　李小丽

记 账 凭 证

2014 年 9 月 15 日　　　　记 字第 5 号

摘要	会计科目		借方金额										贷方金额										记账
	总账科目	明细科目	千	百	十	万	千	百	十	元	角	分	千	百	十	万	千	百	十	元	角	分	（签章）
借支差旅费	其他应收款	李方					1	0	0	0	0	0											
附现金支票号	银行存款																1	0	0	0	0	0	
21213556																							
合　　计						¥	1	0	0	0	0	0				¥	1	0	0	0	0	0	

附件 1 张

会计主管　陈立　　出纳　刘平　　审核　吴才　　制单　李小丽

记账凭证

2014年9月18日　　　记字第 6 号

摘要	会计科目		借方金额										贷方金额										记账
	总账科目	明细科目	千	百	十	万	千	百	十	元	角	分	千	百	十	万	千	百	十	元	角	分	（签章）
采购材料	原材料	铸造生铁					8	6	6	0	0	0											
附电汇凭证	应交税费	增值税（进）					1	4	7	2	2	0											
	银行存款															1	0	1	3	2	2	0	
合计					¥	1	0	1	3	2	2	0			¥	1	0	1	3	2	2	0	

附件 3 张

会计主管 陈立　　出纳 刘平　　审核 吴才　　制单 李小丽

记账凭证

2014年9月30日　　　记字第 7 号

摘要	会计科目		借方金额										贷方金额										记账
	总账科目	明细科目	千	百	十	万	千	百	十	元	角	分	千	百	十	万	千	百	十	元	角	分	（签章）
支付水费	制造费用						1	5	0	0	0	0											
附委托收款	管理费用							5	0	0	0	0											
凭证	应交税费	增值税（进）						2	6	0	0	0											
	银行存款																2	2	6	0	0	0	
合计						¥	2	2	6	0	0	0				¥	2	2	6	0	0	0	

附件 3 张

会计主管 陈立　　出纳 刘平　　审核 吴才　　制单 李小丽

记账凭证

2014年9月30日　　　记字第 8 号

摘要	会计科目		借方金额										贷方金额										记账
	总账科目	明细科目	千	百	十	万	千	百	十	元	角	分	千	百	十	万	千	百	十	元	角	分	（签章）
完工产品入库	库存商品	和泥机				7	1	5	1	7	0	0											
	生产成本	和泥机														7	1	5	1	7	0	0	
合计					¥	7	1	5	1	7	0	0			¥	7	1	5	1	7	0	0	

附件 2 张

会计主管 陈立　　出纳 刘平　　审核 吴才　　制单 李小丽

记账凭证

2014 年 9 月 30 日　　　　记 字第 9 号

摘要	会计科目		借方金额										贷方金额										记账
	总账科目	明细科目	千	百	十	万	千	百	十	元	角	分	千	百	十	万	千	百	十	元	角	分	（签章）
收回货款	银行存款					2	5	0	0	0	0	0											
附托收承付凭证	应收账款	新新公司														2	5	0	0	0	0	0	
合　　计					¥	2	5	0	0	0	0	0			¥	2	5	0	0	0	0	0	

附件 1 张

会计主管　陈立　　出纳　刘平　　审核　吴才　　制单　李小丽

记账凭证

2014 年 9 月 30 日　　　　记 字第 1 0 号

摘要	会计科目		借方金额										贷方金额										记账
	总账科目	明细科目	千	百	十	万	千	百	十	元	角	分	千	百	十	万	千	百	十	元	角	分	（签章）
现金存入银行	银行存款					1	0	0	0	0	0	0											
附缴款单	库存现金															1	0	0	0	0	0	0	
5896																							
合　　计					¥	1	0	0	0	0	0	0			¥	1	0	0	0	0	0	0	

附件 1 张

会计主管　陈立　　出纳　刘平　　审核　吴才　　制单　李小丽

（三）湘丰制造有限责任公司 2014 年 9 月银行对账单

中国工商银行娄底支行对账单

户名：湘丰制造有限责任公司

账号：1913010109024569896　　　　第 1351 页

2014 年		摘要	结算凭证		借方	贷方	余额
月	日		种类	号数			
9	1	承上月余额					250 000
	2	现金支出	现支	02591326	3 000		247 000
	2	现金收款	进账单			58 500	305 500
	10	现金支出	转支	668945	43 250		262 250

续表

2014年		摘要	结算凭证		借方	贷方	余额
月	日		种类	号数			
	12	现金支出	信汇		16 000		246 250
	15	现金支出	现支	21213556	1 000		245 250
	18	现金支出	电汇		10 132.2		235 117.8
	20	现金支出	收费凭证		25		235 092.8
	21	现金收款	利息清单			1 840	236 932.8
	30	现金支出	委收		2 260		234 672.8
	30	现金收款	托收			25 000	259 672.8
	30	现金收款	缴款单	5896		10 000	269 672.8

银行存款余额调节表

编制日期： 年 月 日

企业银行存款日记账		银行对账单	
项　目	金 额	项　目	金 额
银行存款日记账余额		银行对账单余额	
加：银行已收，企业未收		加：企业已收，银行未收	
减：银行已付，企业未付		减：企业已付，银行未付	
调节后余额		调节后余额	

编制人：

附录C　技能综合测试题（第三套）

一、测试要求

（一）职业素养（10分）

1．会计书写规范。

2．考试结束后，注意用具摆放整齐，保持桌面及周围环境的整洁。

（二）编制资产负债表（70分）

根据给定的清泉食品加工有限责任公司账户的期初余额资料与2015年1月份的科目汇总表以会计主管身份编制该企业2015年1月份的资产负债表。

（三）编制利润表（20分）

根据给定的清泉食品加工有限责任公司账户的期初余额资料与2015年1月份的科目汇总表以会计主管身份编制该企业2015年1月份的利润表。

二、考试资料

（一）企业基本情况

企业名称（所属行业）	清泉食品加工有限责任公司（制造企业）
主要业务和产品类型	生产、销售饼干等食品
单位地址	娄底市清泉路125号
联系电话	0738-85642038
开户行及账号	中国工商银行清泉支行4301119870461472243
纳税人识别号	430324751104211
适应税率	增值税税率17%，城建税税率7%，教育费附加4.5%
主要会计岗位及人员	赵文（制单员）；王平（会计主管）；周万（出纳员）

（二）清泉食品加工有限责任公司2014年12月31日账户余额

单位：元

账户名称		借方金额		贷方金额	
总　账	明细账	总　账	明细账	总　账	明细账
库存现金		2200.00			
银行存款		299000.00			
应收账款		50000.00			
应收账款	大明公司		50000.00		
原材料		51000.00			
原材料	白糖（吨）		10000.00		
原材料	面粉（吨）		25000.00		
原材料	奶油（吨）		16000.00		

续表

账户名称		借方金额		贷方金额	
总　账	明细账	总　账	明细账	总　账	明细账
库存商品		33000.00			
库存商品	夹心饼干（吨）		18000.00		
库存商品	曲奇饼干（吨）		15000.00		
固定资产		2305660			
累计折旧				585000.00	
短期借款				80000.00	
应付账款				68000.00	
应付账款	正大工厂				22000.00
应付账款	新华材料厂				46000.00
实收资本				1214325.00	
资本公积				406200.00	
盈余公积				121780.00	
盈余公积	法定盈余公积				121780.00
利润分配				40483.00	
本年利润				225072.00	
合计		2740860		2740860	

（三）清泉食品加工有限责任公司2015年1月发生的经济业务汇总

科目汇总表

2015年1月1日至2015年1月31日　　　　单位：元

会 计 科 目	本期发生额合计	
	借方金额合计	贷方金额合计
银行存款	220 000.00	180 016.00
库存现金	3 000.00	38 00.00
应收账款	180 000.00	150 000.00
其他应收款	6 000.00	3500.00
原材料	110 636.00	67 900.00
库存商品	127 700.00	106 000.00
累计折旧		35 004.00
营业税金及附加	2 365.50	2365.50
应付职工薪酬	60000.00	60000.00
应交税费	17 145.50	43 165.50
主营业务收入	220 000.00	220 000.00
制造费用	33 900.00	33 900.00
生产成本	117 700.00	117 700.00
管理费用	38 324.00	38 324.00
销售费用	10 580.00	10 580.00
主营业务成本	96 000.00	96 000.00
本年利润	144904.00	220 000.00
合　　计	1388255.00	1388255.00

参考文献

[1] 银祥军，周剑．基础会计实训指导．第四版．长沙：湖南大学出版社，2008.
[2] 赵建群，张岐．商品流通企业会计实训．北京：电子工业出版社，2009.
[3] 陈文标．会计分岗实训教程．天津：南开大学出版社，2010.
[4] 李占国．基础会计模拟实训教程．上海：上海电机学院试用教材，2005.
[5] 谢丽安．基础会计实训指导．长沙娄底职业技术学院试用教材，2005.
[6] 湖南省会计从业资格考试学习丛书编委会．会计基础．北京：中国人民大学出版社，2008.
[7] 高彩红，张红霞．会计分岗实训教程．上海：立信会计出版社，2009.
[8] 孙振丹．会计分岗实训．北京：中国财政经济出版社，2006.
[9] 刘洪宇，王庆国，张流柱，佘浩．会计．湖南：湖南大学出版社，2013.

反侵权盗版声明

举报电话：（010）88254396；（010）88258888
传　　真：（010）88254397
E-mail:　　dbqq@phei.com.cn
通信地址：北京市万寿路 173 信箱
　　　　　电子工业出版社总编办公室
邮　　编：100036